Clama a mí

Clama a mí

Acércate al Dios que escucha y responde tus oraciones

Miguel Núñez

B&H
ESPAÑOL®
BRENTWOOD, TENNESSEE

Clama a mí: Acércate al Dios que escucha y responde tus oraciones

B&H Publishing Group
Brentwood TN, 37027

Diseño de portada: Micah Kandros

Clasificación decimal Dewey: 248.3
Clasifíquese: PRAYER \ PRAYERS \ DEVOTIONAL LITERATURE

ISBN: 978-1-0877-3925-0

Impreso en EE. UU.
2 3 4 5 6 * 29 28 27 26 25

Tabla de Contenido

ORACIONES PERSONALES

ORACIONES POR LA IGLESIA

ORACIONES POR LA NACIÓN

Capítulo 1

La oración

La perla perdida del pueblo de Dios

Pidan, y se les dará; busquen, y hallarán; llamen, y se les abrirá. Porque todo el que pide, recibe; y el que busca, halla; y al que llama, se le abrirá. ¿O qué hombre hay entre ustedes que si su hijo le pide pan, le dará una piedra, o si le pide un pescado, le dará una serpiente? Pues si ustedes, siendo malos, saben dar buenas dádivas a sus hijos, ¿cuánto más su Padre que está en los cielos dará cosas buenas a los que le piden?
Mateo 7:7-11.

Introducción

En el año 1971 se publicó un libro de A.W. Tozer con el título *Worship, the missing jewel of the evangelical Church* [La adoración, la perla perdida de la iglesia evangélica]. Ese título me sirvió de inspiración hace unos años atrás para predicar en nuestra iglesia una serie de mensajes con un título similar, pero acerca de la oración. Con el paso del tiempo, me animaron a escribir el libro que tienes en tus manos. Pero recién ahora tomé la decisión de hacerlo, luego de ver cómo muchos entienden la oración y cómo es frecuentemente usada (sí usada, ese es el término), en las vidas personales y en la vida de la iglesia. Oramos con regularidad para pedir ayuda como hacemos al llamar al 911 cuando percibimos un peligro o amenaza. Otras veces, en las iglesias, la oración es una forma práctica de abrir y cerrar ciertos segmentos durante las diferentes actividades de la iglesia. Es penoso que sea de esta manera porque se supone que la oración es un medio de gracia que nos permite conectarnos con Dios para expresar el deseo de nuestro corazón, y a su vez poder ser impactados por el deseo del corazón de Dios. De esa forma, Dios nos prepara para entrar en Sus propósitos, tal como ocurrió con Jesús al orar en Getsemaní, «Padre, si es Tu voluntad, aparta de Mí esta copa; pero no se haga Mi voluntad, sino la Tuya» (Luc. 22:42). Lo que acabo de decir explica por qué decidí titular este capítulo de forma muy similar al libro mencionado más arriba. Pensé que era una forma de imitar a Tozer al escribir para la Iglesia de Cristo acerca de aquellas áreas de debilidad que vemos en ella. Este título no simplemente enfatiza que algo falta en la iglesia de nuestros días, sino también que algo que estaba presente en algún momento del pasado se ha perdido. No creo que el problema sea solo de nuestra generación. De hecho, Santiago había escrito dos mil años atrás: «No tienen, porque no piden. Piden y no reciben, porque piden con malos propósitos, para gastarlo en sus placeres» (Sant. 4:2-3). Esos versículos revelan el problema de falta de oración y de oraciones hechas con motivaciones erróneas.

Lamentablemente, en el día de hoy podríamos decir que la vida de oración de la mayoría de los hijos de Dios es deficiente, en otros inexistente y solo en muy pocos podría ser calificada de vibrante. Esta realidad es sorprendente y deprimente como dice D.A. Carson en el prefacio de su libro acerca de las oraciones del apóstol Pablo.[1] Es triste que sea de la manera como acabo de describirlo cuando en la misma Palabra tenemos una invitación de parte de Dios a que lo busquemos cercanamente a través de la oración:

> Porque no tenemos un Sumo Sacerdote que no pueda compadecerse de nuestras flaquezas, sino Uno que ha sido tentado en todo como *nosotros*, *pero* sin pecado. Por tanto, acerquémonos con confianza al trono de la gracia para que recibamos misericordia, y hallemos gracia para la ayuda oportuna (Heb. 4:15-16).

---

[1] D.A. Carson, *Praying with Paul, A Call to Spiritual Reformation* (Grand Rapids: Baker Academics, 2014), versión Kindle.

Ahí está: en Cristo tenemos el intercesor ideal, Él ganó los méritos para que seamos oídos, Él simpatiza con nuestras debilidades, Él nos invita y nos promete hallar gracia ante Su trono.

Espero que lo que acabo de decir te convenza de que mi intención no es crear un sentido de culpa en las ovejas, sino más bien estimularnos unos a otros a buscar la presencia del Buen Pastor a través de la oración como parte importante de la solución al estado de la iglesia en nuestros días y aun de la sociedad. Creo que muchos líderes cristianos estamos de acuerdo en que lo único que nos puede sacar de la condición en la que nos encontramos es un avivamiento de parte de Dios. Pero dichos avivamientos siempre han comenzado y han sido sostenidos por el poder de la oración que acompaña a la predicación de la palabra. De manera que toma mi reflexión acerca de este tema como un llamado para que doblemos las rodillas al Señor y elevemos un clamor delante del trono de la gracia por Su iglesia, por la sociedad y por los líderes de nuestra nación y de las naciones en general.

Gary Millar escribió un libro acerca de la teología bíblica de la oración, que tiene por título, *Calling on the Name of the Lord* [Invocando el nombre del Señor]. En la opinión del autor, en muchos lugares, la iglesia ha dejado de orar y los libros acerca de la oración han perdido su lugar en los clásicos de la literatura cristiana.[2] ¿Qué ha causado esa pérdida del interés por la oración? La realidad es que como muchos han señalado, orar nunca ha sido fácil a menos que el creyente se encuentre en dificultad y sobre todo, en grandes dificultades. Si eso es verdad y yo creo que lo es, esto explica la razón por la que en la medida en que la humanidad ha ido resolviendo sus propios problemas con el desarrollo tecnológico, en esa misma medida, el pueblo de Dios ha ido perdiendo interés en comunicarse con Su Creador y Redentor. Cuando las torres gemelas de la ciudad de Nueva York fueron derrumbadas, en el año 2001, las iglesias reportaron un aumento de la asistencia a sus cultos de los domingos y a las reuniones de oración

---

[2] J. Gary Millar, *Calling on the Name of the Lord, A Biblical Theology of the Prayer* (Downer Grove: InterVarsity Press), versión Kindle, pág. 15 de 264.

durante los primeros tres meses y luego volvieron a la asistencia usual. En la actualidad, podemos asegurar que en cualquier lugar del mundo que está en conflicto, los creyentes son más dados a buscar el rostro de Dios que en cualquier otro.

Creo que esto pone en evidencia que con cierta frecuencia vemos a nuestro Dios como un solucionador de problemas y no como un Padre con el cual deseamos tener una relación de intimidad para que Él oiga de nosotros y nosotros de Él. Nos parecemos mucho al hijo que se va a estudiar fuera del país y poco a poco, se va distanciando de sus padres en la medida que se familiariza con aquella nueva localidad y hace nuevos amigos. De repente ese hijo va perdiendo interés en la relación con sus padres y con ese enfriamiento habla poco o nada con ellos hasta que tiene una necesidad y llama al padre o la madre para que lo ayuden a llenar dicha necesidad. Pero solucionado el problema, el hijo se involucra en sus afanes de la vida diaria y vuelve a olvidar a sus padres.

Cuando el cristiano tenía una dificultad económica en el pasado reciente, frecuentemente tenía que recurrir a sus rodillas para pedir asistencia de los cielos. Hoy en día, saca su cartera y hace uso de su tarjeta de crédito. Si se enfermaba, en el pasado, inmediatamente el cielo oía de su enfermedad o de la de su hijo, pero hoy eso solo ocurre cuando la enfermedad es algo catastrófico como un cáncer o algo de cierta envergadura. De lo contrario, llamamos al médico y él nos resuelve el problema. Por consiguiente, ni llamamos a Dios, ni tampoco le damos gracias por la asistencia médica que recibimos, que es un privilegio al que muchos no tienen acceso. Así como de los diez leprosos sanados por Cristo solamente uno de ellos volvió a dar las gracias (Luc. 17:11-19), de esa misma forma quizás de cada diez cristianos que fue asistido por un médico hasta sanar, uno volvió para darle gracias a Dios por el médico y por las medicinas que puedo comprar cuando otros no lo pueden hacer. Antes de dar gracias a Dios por haber podido comprar la medicación, nos quejamos del precio de la medicación, a pesar de que pudimos comprarla con dinero que Dios proveyó.

De igual manera, en la medida en que esta generación presente se ha vuelto más egocéntrica, en esa misma medida hemos dejado de orar cada vez que no recibimos aquello que hemos pedido. Parece ser que al pedir no estamos tratando de establecer una relación de intimidad con Dios ni de encontrar Su voluntad, sino de ejercer la nuestra. Y cuando Dios no nos da lo que hemos pedido, nos volvemos cínicos y comenzamos a dudar si Dios oyó o no mis oraciones o si Dios es tan bondadoso como dice la Biblia.

Otras veces, pensamos si vale la pena orar si al final Dios terminará haciendo Su voluntad. Y pensamos así porque se nos ha convencido de que el propósito de la oración es doblar la voluntad de Dios para que Él nos ayude a realizar nuestros planes, en vez de recibir sabiduría y fortaleza para entrar en la voluntad de Dios y vivir Su llamado. Así lo hizo Cristo en el jardín de Getsemaní como mencionamos. En aquel lugar, Cristo hizo una petición, llevó a cabo la rendición de Su voluntad y fue preparado para entrar en los propósitos de Dios... Sus juicios ilegales y posterior resurrección. La idea no es cambiar la voluntad de Dios que es buena, agradable y perfecta (Rom. 12:1), sino ser preparados espiritual, emocional y físicamente, y adquirir discernimiento y sabiduría para atravesar cualquier circunstancia que la voluntad de Dios haya dispuesto para nosotros. Creo que muchas veces nuestras emociones nos traicionan y sentimos el deseo de que se haga nuestra voluntad y no la suya.

La complejidad de la vida hoy en día también es un obstáculo para la vida de oración porque nuestro tiempo parece estar continuamente consumido por cosas «urgentes» del diario vivir y peor aún, por un bombardeo continuo de información vía las redes sociales y de los teléfonos inteligentes, que nos mantienen en contacto con otras personas, pero que interfieren con nuestra comunicación con Dios. **Preferimos la información antes que la oración**. Hay otras razones por las que oramos menos, pero las que mencioné nos sirven de ilustración.

La invocación del nombre del Señor

Vale la pena preguntarnos, ¿cuándo comenzó el ser humano a orar por primera vez? Muy tempranamente leemos en la Biblia acerca de la primera vez que la oración fue usada o por lo menos registrada para nosotros: «Por ese tiempo comenzaron los hombres a invocar el nombre del Señor» (Gén. 4:26). Ese parece ser el inicio de la práctica de la oración. Anterior a la caída, Adán y Eva probablemente conversaban con Dios de la misma manera que los discípulos conversaban con Jesús... de la forma más natural. Pero luego de que Caín matara a Abel, las cosas no estaban caminando bien y prontamente el hombre se vio en necesidad de buscar ayuda de parte de Dios. Y así comienzan a invocar el nombre del Señor o literalmente, a invocar el nombre de Jehová.

Ahora, cuando uno rastrea esa frase, «invocar el nombre del Señor» a lo largo del Antiguo Testamento, se hace evidente que la frase implicaba pedirle a Dios que hiciera realidad las promesas que Él había hecho. Dios habla con Moisés y le promete sacar a Su pueblo de la esclavitud llevándolo al desierto. Luego cuando Moisés tiene problemas con el pueblo, el mismo Moisés invoca el nombre del Señor y le pide que intervenga a favor del pueblo sobre el cual Dios había hecho promesas anteriormente. Es como si Dios prometiera y luego nosotros invocáramos Su nombre y le pidiéramos sobre la base de cosas que Él ha prometido previamente o las cosas que Él ha revelado. Cuando Jesús vino, Él prometió responder las oraciones que hagamos en Su nombre y desde entonces hemos estado orando en Su nombre esperando ser escuchados como Él prometió. Él siempre escucha y siempre responde con un «sí», «no» o «todavía no», «sí, pero no de esa forma», «no ahora, pero sí en otro momento». Ocasionalmente, Dios ha sabido decir «no, pero», «te basta Mi gracia, pues Mi poder se perfecciona en la debilidad» (2 Cor. 12:9) como le dijo a Pablo cuando le rogó tres veces que le quitara su aguijón en la carne. Moisés hizo una petición a Dios, quizás de manera repetitiva hasta llegar a irritar a Dios:

«Yo también supliqué al Señor en aquel tiempo: "Oh Señor Dios, Tú has comenzado a mostrar a Tu siervo Tu grandeza y Tu mano poderosa; porque ¿qué dios hay en los cielos o en la tierra que pueda hacer obras y hechos tan poderosos como los Tuyos? Permíteme, te suplico, cruzar y ver la buena tierra que está al otro lado del Jordán, aquella buena región montañosa y el Líbano". Pero el Señor se enojó conmigo por causa de ustedes, y no me escuchó; y el Señor me dijo: "¡Basta! No me hables más de esto"» (Deut. 3:23-26). El Señor habló así a Moisés porque lo estaba disciplinando. Pero lo usual no es que Dios se irrite con Sus hijos cuando oramos de manera repetitiva; de hecho, Jesús nos insta a persistir en nuestras oraciones y lo hizo con Sus discípulos a través de una parábola donde una viuda insistió ante un juez malo que la escuchara, y aun ese juez malo supo responderle ante su insistencia (Luc. 18:1-8). Cristo estaba enfatizando que si un juez malo tuvo la sensibilidad de atender a la necesidad de la viuda, cuánto más el Padre celestial que es bueno para con todos. El énfasis de la parábola no está en que nuestra persistencia en la oración cambiará la voluntad de Dios, sino en la certeza de que el Dios todo benevolente escuchará y responderá y siempre lo hará mejor de lo que oramos, aunque no sea lo que estábamos pidiendo.

De manera que la base de nuestras oraciones son las promesas hechas por Dios a aquellos que estamos en Cristo y por eso, pedimos en Su nombre (Juan 14:13, 15:16 y 16:24). Él acumuló los méritos para que nosotros podamos ser oídos. Es como el padre que le promete a su hijo unas vacaciones en algún lugar y luego si el hijo observa que su padre no lo lleva de vacaciones, el mismo hijo tiende a recordarle a su padre, «pero tú me lo prometiste». De forma tal, el hijo pide sobre la base de una promesa previa. Dicho de otra manera, Dios mismo estableció las bases sobre las cuales nosotros podemos pedir porque nos invitó a hacerlo. Dios hizo promesas que luego el Hijo amplió y volvió a afirmar.

Habiendo introducido el tema, quiero que nos enfoquemos en el sermón más conocido de Jesús, el Sermón del Monte, para ver algunas enseñanzas relativas a la oración. En dicho sermón, Cristo habló a Sus discípulos sobre la oración y les dio algunos principios básicos para posteriormente ampliar Sus enseñanzas:

- En primer lugar, Cristo les enseñó cómo no orar, haciendo uso de vanas repeticiones típicas de aquellos que suponen serán oídos por su palabrería (Mat. 6:7).
- En segundo lugar, respondió a una petición acerca de cómo orar y les dio la oración que conocemos como el Padrenuestro (Mat. 6:9-13).
- En tercer lugar, Cristo les enseña algo más sobre la oración, de una manera general, pero con grandes implicaciones y aplicaciones como veremos a continuación (Mat. 7:7-11).

En el texto que aparece inmediatamente debajo del título de este capítulo que corresponde a una porción del Sermón del Monte, observamos:

- Una gran invitación (Mat. 7:7);
- Una gran promesa (Mat. 7:8);
- Una gran ilustración (Mat. 7:9-11).

La gran invitación

Dios nos invita a pedir, a buscar y a llamar (7:7). En el lenguaje original, las acciones de pedir, buscar y tocar están en el imperativo presente, lo cual implica que debemos hacer esto de manera repetitiva y seguir haciéndolo siempre. Pedir, buscar y tocar la puerta continuamente debiera constituirse en nuestro estilo de vida. Pero ¿por qué? Porque Él prometió responder. ¿Puedes ver que Dios nos invita a orar sobre la base de una promesa que Él ha hecho primero?

Necesitamos aprender cómo orar y qué pedir, no sea que nuestra petición nos mate como le ocurrió a Raquel. En Génesis 30:1 leemos cómo Raquel dijo a Jacob, «Dame hijos, o si no, me muero». Más adelante, vemos cómo la petición de Raquel se cumplió, pero murió durante el parto (Gén. 35:16-18). Ese fue su segundo hijo de nombre Benjamín y el último de los doce hijos de Jacob. Necesitamos aprender a «buscar», no sea que mi búsqueda me lleve por caminos pecaminosos como pasó con Salomón. Necesitamos aprender a «llamar», no sea que llamando «escuche» la voz del enemigo, y crea que es la voz de Dios.

La próxima pregunta es, si Dios nos invita a pedir, buscar y llamar, ¿por qué oramos tan poco? Estamos tan desconectados de nuestra vida de oración, que a veces cuestionamos a Dios por no haber resuelto nuestros problemas. Como ya mencionamos más arriba, Santiago escribió en la carta que lleva su nombre: «No tienen, porque no piden» (4:2). Y nosotros responderíamos: «pedimos, pero Dios no nos responde». A lo cual Santiago respondería nuevamente: «Piden y no reciben, porque piden con malos propósitos, para gastarlo en sus placeres» (4:3). Desafortunadamente, cuando pedimos, dejamos que la carne sea la que vaya a orar y entonces pedimos conforme a la carne. Cuando en realidad es nuestro espíritu el que tiene que entrar en comunión con Dios porque la carne para nada aprovecha y en nuestra carne, nada bueno hay (Rom. 7:18). Nuestra carne:

- ✓ nunca ha deseado una sola de las ofertas de Dios;
- ✓ nunca ha creído una sola de las promesas de Dios; y
- ✓ nunca ha disfrutado una sola de las dádivas de Dios.

Dios ha de darnos todo lo que necesitamos para llevar a cabo el propósito para el cual Él nos creó porque no podemos olvidar que «somos hechura Suya, creados en Cristo Jesús para hacer buenas obras, las cuales Dios preparó de antemano para que anduviéramos en ellas» (Ef. 2:10). Lo que Dios nos da estará relacionado con Su voluntad y Sus propósitos para nosotros. Aquí está la clave de la oración que ya hemos mencionado: la oración presupone que vamos a pedir algo que ya Dios ha prometido y no algo de nuestra propia invención.

Muchos de los hijos de Dios hacen caso omiso a estas enseñanzas y por tanto:

- ✓ no piden lo suficiente de aquello que Dios está ofreciendo.
- ✓ no buscan con frecuencia lo que Dios ha reservado para nosotros.
- ✓ no llaman a la puerta con esperanza porque no confían en Su voluntad.

Preferimos nuestra voluntad a la voluntad de Dios porque no creemos que la voluntad de Dios es buena, agradable y perfecta.

- Un corazón malo juzga por su condición y no ve lo bueno de la voluntad de Dios.
- Un corazón caído no ve como agradable los designios de Dios.
- Criaturas imperfectas tienen grandes dificultades para ver lo perfecto de Su voluntad.

Si Dios nos concediera todas nuestras peticiones, estaríamos peor.

Desde el punto de vista de Dios, no es que pedimos mucho, sino que pedimos poco. Pedimos poco y nos conformamos con poco. Digo que pedimos poco, porque pudiendo pedir cosas celestiales, constantemente pedimos y nos sentimos felices con cosas terrenales. Y Dios nos ve y nos dice: ¡Qué pobres son! Pudiendo ser ricos celestialmente, se conforman con ser ricos terrenalmente.

Recuerda cuál es la encomienda: «busquen primero Su reino y Su justicia, y todas estas cosas les serán añadidas» (Mat. 6:33). Por tanto, el «busquen y hallarán» está directamente relacionado a Su reino. Una vez que busquemos Su reino, Él nos dará las cosas pertinentes al reino de los hombres. Eso es lo que Él ha prometido... aquellas cosas que verdaderamente representan bendiciones para mí en lo que espero para la próxima vida.

Si somos sinceros, la mayoría de lo que pedimos tiene que ver con cosas temporales que no tienen valor eterno. Lo que pido tiene que ver con lo que deseo y lo que deseo tiene que ver con la condición de mi corazón. De manera que muchas veces, nuestras oraciones ponen al descubierto lo que se esconde en nuestro corazón. Quizás la oración sea la mejor radiografía del corazón.

«Se dice que el gran predicador escocés del siglo xix, Robert Murray M'Cheyne repetía, "lo que un hombre es de rodillas ante Dios, eso es, y nada más"».[3]

Nuestras oraciones revelan:

- cómo pensamos,
- qué deseamos,
- qué buscamos,
- qué nos importa
- y quiénes nos importan o no nos importan.

La invitación a pedir tiene detrás una oferta y Su oferta tiene que ver con Sus riquezas en gloria. Frecuentemente el hombre se dirige a Dios a pedir de las migajas del mundo y Dios dice: «¿cómo voy a darte migajas cuando puedo darte riquezas en gloria?».

La realidad es que, si Dios nos concediera todas nuestras peticiones:

- pediríamos más,
- buscaríamos más y
- llamaríamos más.

Pero si Dios descendiera para explicarnos cuál es el problema con lo que pedimos, nos diría:

- es que a veces no saben cómo pedir;
- otras veces, están buscando aquellas cosas que más daño les harían y por eso no las concedo.

---

[3] Alistair Begg, *Ora En Grande* (Nashville: Editorial Vida, 2019), versión Kindle, pág. 9 de 112.

- Y otras veces, están llamando, pero cuando les «hablo», no reconocen mi voz.

Dios nos habla a través de Su Palabra; a través de las circunstancias que Él va orquestando en nuestras vidas, a través de consejos que otros con más experiencia y piedad nos ofrecen y finalmente, a través de los impulsos internos del Espíritu Santo, quien pone en nosotros tanto el querer como el hacer (Fil. 2:13). La invitación para orar realmente es abierta (pidan, busquen y llamen). De hecho, este no es el único pasaje donde Dios nos hace una invitación similar. En Hebreos 4:16 leemos lo siguiente:

«Por tanto, acerquémonos con confianza al trono de la gracia para que recibamos misericordia, y hallemos gracia para la ayuda oportuna».

La palabra traducida como «confianza» es *parresia* (παρρησία), en griego, que significa libertad de expresión; la libertad de decirlo todo, sin miedo y sin restricción. Dios puede:

- escucharlo todo;
- entenderlo todo y
- decirlo todo.

El acceso libre que Adán perdió en el Jardín, Dios te lo ofrece en Cristo: pedid, buscad, llamad. Cuando Cristo dijo: «Pidan, y se les dará; busquen, y hallarán; llamen, y se les abrirá» (Mat. 7:7), la enseñanza del texto no es persistir en oración hasta que convenzamos a Dios de darnos lo que pedimos. Muchos lo interpretan así. Por esta razón, este es uno de esos pasajes que ha sido más abusado, mal interpretado, tergiversado y por tanto mal aplicado.

La gran promesa

«Porque todo el que pide, recibe; y el que busca, halla; y al que llama, se le abrirá» (Mat. 7:8).

- ¿Recibo todo lo que pido? No. Pero la respuesta será mejor que lo pedido.
- ¿Hallo todo lo que busco? No. Pero de alguna forma encuentro Su voluntad perfecta.
- Cada vez que llamo, ¿se me abre la puerta que toco? No. Pero Dios abre solo la puerta que puede bendecirme.

Ahora, a la luz de la Palabra de Dios, tengo que preguntarme: ¿Estoy pidiendo conforme a mis deseos o estoy expresando mis deseos en oración y a la vez, sometiendo mi voluntad al Señor? Presta atención a cómo Juan nos instruye en su primera carta: «Esta es la confianza que tenemos delante de Él, que si pedimos cualquier cosa conforme a Su voluntad, Él nos oye» (1 Jn. 5:14). Cuando pides así, recibes, como fue prometido.

¿Cómo debo buscar? Dios nos instruyó cientos de años atrás a través del profeta Jeremías: «Me buscarán y me encontrarán, cuando me busquen de todo corazón» (Jer. 29:13).

¿Cómo llamo a la puerta? Cuando llamo a la puerta, debo hacerlo con fe absoluta en Jesús. Nuestra fe complace a Dios, tanto así que el autor de la carta a los Hebreos nos instruyó escribiendo: **«sin fe es imposible agradar a Dios...»** (11:6, énfasis añadido). Y Santiago nos dice en 1:6-7: «Pero que pida con fe, sin dudar. Porque el que duda es semejante a la ola del mar, impulsada por el viento y echada de una parte a otra. No piense, pues, ese hombre, que recibirá cosa alguna del Señor». La falta de fe es desconfianza en Dios. La oración y la fe van de la mano como vemos en esta cita de E. M. Bounds:

«La oración depende de la fe. Virtualmente, no tiene existencia fuera de ella, y no logra nada a menos que sea su compañera inseparable. La fe hace que la oración sea eficaz y, en cierto sentido, debe precederla».[4]

---

[4] E. M. Bounds, *The necessity of Prayer* (Abbotsford, WI: Aneko Press), versión Kindle, pág. 23 de 160.

Cuando la fe es muy pequeña no puede bajar lo mejor de Dios a nuestra experiencia cotidiana. Y de ahí que muchos tienen una muy mala experiencia a la hora de orar.

La gran ilustración

«¿O qué hombre hay entre ustedes que si su hijo le pide pan, le dará una piedra, o si le pide un pescado, le dará una serpiente? Pues si ustedes, siendo malos, saben dar buenas dádivas a sus hijos, ¿cuánto más su Padre que está en los cielos dará cosas buenas a los que le piden?» (Mat. 7:9-11).

Jesús vuelve a usar un argumento a fortiori para explicar Su enseñanza. Este es un tipo de argumento que usa una lógica que va del mayor al menor o del menor al mayor dependiendo de cuál sea la situación. En este caso, Jesús va de lo humano a lo divino: Si padres malos saben dar cosas buenas a sus hijos, ¿cuánto más su Padre que está en los cielos dará cosas buenas a los que le piden? Cuánto más no dará el Padre celestial que tiene un corazón infinitamente bondadoso. Esa es la naturaleza de Dios. Ese es el carácter de Dios... Él es dadivoso; de hecho, es magnánimo. Tanto así que Santiago nos recuerda en 1:17:

«Toda buena dádiva y todo don perfecto viene de lo alto, desciende del Padre de las luces, con el cual no hay cambio ni sombra de variación».

El carácter dadivoso del Padre es lo que debe darme paz para acercarme al trono de la gracia con confianza, esperando recibir. La gran invitación de que hablamos tiene que ver con el carácter benevolente de nuestro Dios. Las grandes promesas son como son porque tienen detrás un gran Dios que cumple lo prometido aun cuando nosotros somos infieles (2 Tim. 2:13). Nuestro Dios es tan bondadoso que nuestra infidelidad no cancela Sus promesas. Sus promesas son irrevocables. Dios no nos ha hecho promesas porque somos buenos; sino que Dios nos hizo promesas porque Él es bueno.

Conclusión

Pausemos por un momento y preguntémonos:

Si Dios nos dio a Su hijo, ¿cómo no nos dará juntamente con Él, todas las cosas? (Rom. 8:32).

Dios nos dio Su Espíritu, ¿cómo no va a fortalecernos en nuestro espíritu cuando este desfallece? (Sal. 73:26).

Dios nos dio Su Palabra, ¿cómo no va a cumplirla después de haberla dado? (Mat. 24:35).

Dios nos dio salvación, ¿cómo va a permitir mi condenación después de haber llegado a ser posesión suya? (Rom. 8:33-38).

Dios nos dio al Hijo en una cruz para perdón de pecados, ¿cómo no nos va a dar al Hijo como abogado defensor frente al Padre? (1 Jn. 2:1).

Con razón dijo Jesús en otra ocasión: «No temas, rebaño pequeño, porque el Padre de ustedes ha decidido darles el reino» (Luc. 12:32:).

Este es el consuelo y la exhortación del autor de la Epístola a los Hebreos:

«Teniendo, pues, un gran Sumo Sacerdote que trascendió los cielos, Jesús, el Hijo de Dios, retengamos nuestra fe. Porque no tenemos un Sumo Sacerdote que no pueda compadecerse de nuestras flaquezas, sino Uno que ha sido tentado en todo como *nosotros*, *pero* sin pecado. Por tanto, acerquémonos con confianza al trono de la gracia para que recibamos misericordia, y hallemos gracia para la ayuda oportuna» (Heb. 4:14-16).

ORACIONES PERSONALES

Capítulo 2

Orando con el Maestro

Cómo reverenciar a Dios

Ustedes, pues, oren de esta manera: "Padre nuestro que estás en los cielos, santificado sea Tu nombre. Venga Tu reino. Hágase Tu voluntad, así en la tierra como en el cielo. Danos hoy el pan nuestro de cada día. Y perdónanos nuestras deudas, como también nosotros hemos perdonado a nuestros deudores. Y no nos dejes caer en tentación, sino líbranos del mal. Porque Tuyo es el reino y el poder y la gloria para siempre. Amén".
Mateo 6:9-13

El Padrenuestro es, sin lugar a duda, la oración más conocida de toda la Biblia. Para Martín Lutero, esta es «la mejor oración que jamás haya llegado a la tierra o que alguien pudo haber pensado»[5]. Para Juan Calvino, en el Padrenuestro «el unigénito de Dios pone palabras en nuestros labios que liberan nuestra mente de toda vacilación»[6]. Para el puritano Thomas Watson, «la exactitud de esta oración está relacionada a la dignidad del autor»[7]. Según Watson, «una obra tiene el elogio de su artífice y esta oración tiene el elogio de Su autor. De la misma manera que la ley moral fue escrita con el dedo de Dios, de esa forma esta oración salió de los labios del Hijo de Dios»[8].

---

[5] Citado por Kevin DeYoung en *The Lord's Prayer: Learning from Jesus on What, Why, and How to Pray* (Wheaton, IL: Crossway, 2022); versión Kindle, pág. 22 de 114.

[6] Ibid.

[7] Thomas Watson, *The Lord's Prayer* (Banner of Truth, 1960); versión Kindle, pág. 8 de 6297.

[8] Ibid.

A lo largo de los siglos se han predicado numerosos sermones y se han publicado muchos libros sobre esta oración, y esto sigue siendo así hoy en día, lo que pone de relieve la popularidad del Padrenuestro incluso entre los no creyentes.

Esta oración ha ganado fama no por su extensión, sino por su sencillez y al mismo tiempo por la forma en que comunica grandes verdades de una manera extremadamente breve en contraste con las letanías comúnmente pronunciadas por los gentiles en el tiempo de Jesús. De hecho, antes de dar este modelo de oración a Sus discípulos, Jesús les enseñó lo siguiente:

> «Y al orar, no usen ustedes repeticiones sin sentido, como los gentiles, porque ellos se imaginan que serán oídos por su palabrería. Por tanto, no se hagan semejantes a ellos; porque su Padre sabe lo que ustedes necesitan antes que ustedes lo pidan» (Mat. 6:7-8).

Para Jesús, la oración era una prioridad en Su misión como Redentor. Y si lo fue para Él, debería serlo aún más para nosotros, Sus discípulos, mientras buscamos vivir por Su causa y para el honor de Su nombre.

Para reverenciar a Dios en nuestra vida de oración debemos aprender a orar como el Maestro. Por eso, comencemos enfocándonos en los versículos 9 y 10 de Mateo 6, que contienen la primera mitad de la oración modelo de Jesús, conocida en español como el Padrenuestro. Esta oración fue dada por Cristo por primera vez a Sus discípulos en el Sermón del Monte, pero hubo una segunda ocasión en la que Jesús compartió este modelo de oración en respuesta a una pregunta directa. Vemos esto en el relato de Lucas, que comienza así:

> «Aconteció que estando Jesús orando en cierto lugar, cuando terminó, le dijo uno de Sus discípulos: "Señor, enséñanos a orar, así como Juan enseñó también a sus discípulos"» (Luc. 11:1).

Evidentemente, la reverencia con que Jesús oraba, la frecuencia de Sus oraciones, el tiempo que pasaba en oración y la manera en que lo hacía llamaron la atención de Sus discípulos. Al parecer Su conclusión había sido que no sabían orar y por eso acudieron a Él para que les enseñara a orar. La verdad es que muchos de nosotros podríamos concluir de la misma manera porque muchas veces no sabemos orar. No sabemos:

- qué orar;
- por qué orar;
- cuándo orar;
- qué esperar al orar;
- cuál es el propósito de la oración;
- cuándo dejar de orar y simplemente esperar;
- y no sabemos cuándo orar e inmediatamente actuar.

Dicho todo lo anterior, entremos de lleno en el análisis del Padrenuestro. Y lo primero a notar es que Jesús comienza diciendo: «Oren de esta manera». Jesús no dijo: «oren esto», porque solo estaba proporcionando un modelo de oración y no necesariamente una oración que haríamos repetitivamente como si fuera un cliché. Entonces, si Jesús les dijo que oraran de cierta manera, la pregunta que debemos hacernos es: ¿cuál es la forma en que Jesús quería que Sus discípulos oraran, independientemente de las palabras que usaran? La respuesta a esta pregunta es importante porque si bien es cierto que no creemos que Jesús estuviera enseñando una forma sofisticada de orar, tampoco creemos que estuviera enseñando que no importa cómo oremos al Padre.

Ciertamente, no hay un estilo, una duración, un lugar, una oratoria preferida o particular para orar, pero hay una forma. En nuestro país solemos decir: «Nuestra discrepancia no es de fondo, sino de forma», para referirnos a que nuestro desacuerdo con el punto de vista de otra persona no es sobre el contenido, sino sobre la manera en que ha sido expresado. Pero cuando nos dirigimos a Dios, tanto la forma como el fondo importan, es decir, el contenido de la oración y la forma en que decimos esa oración. Con esto no queremos decir que las palabras importan mucho porque las personas tienen diferentes niveles de vocabulario y formas de expresión, y Dios las entiende y las valora todas. Así que mientras estudiamos la oración que Cristo dio a los discípulos, es importante que prestemos atención a la forma y al fondo.

PADRE NUESTRO QUE ESTÁS EN LOS CIELOS

La estructura del Padrenuestro es sencilla: tiene una introducción y seis peticiones. Las primeras tres peticiones tienen que ver con Dios y Su honor, y las tres últimas peticiones tienen que ver con el hombre y sus necesidades. La frase introductoria a las peticiones es muy conocida: «Padre nuestro que estás en los cielos». En esa frase hay un contenido y hay una forma. Jesús quiere que al hablar con Dios pensemos en Él como un Padre, lo que implica cercanía e intimidad. Al mismo tiempo implica protección porque eso es lo que hace un padre y también provisión porque esa es la inclinación natural de un padre.

Con la oración del Padrenuestro, por un lado, Jesús nos está enseñando a acercarnos a Dios con confianza porque somos Sus hijos, pero al mismo tiempo nos está enseñando que cuando pensemos en Dios como Padre, no debemos perder de vista la otra dimensión y es que ese Padre es el Creador de todo el universo y por lo tanto está encumbrado muy por encima de toda Su creación. Él está en los cielos.

Como Creador, Él es un Dios trascendente, lo que implica que Él está muy por encima de todo lo demás en una categoría completamente independiente. Como Padre, es un Dios inmanente, es decir, cercano. Y de ahí la frase «Padre nuestro que estás en los cielos». El profeta Isaías captó perfectamente esta idea cuando escribió el siguiente texto:

> «Porque así dice el Alto y Sublime que vive para siempre, cuyo nombre es Santo: "Yo habito en lo alto y santo, y también con el contrito y humilde de espíritu..."» (Isa. 57:15a).

Dios es alto, sublime y santo. Pero mientras habita en lo alto, también mora con el contrito y humilde de espíritu. Eso hace que Dios sea inmanente. En este contexto, la palabra inmanente implica que Dios mantiene cercanía e intimidad con Su creación.

El uso de la palabra «Padre» en esta oración marca una gran diferencia con respecto a cómo las personas se dirigían a Dios en el Antiguo Testamento. En ese tiempo, nadie se atrevía a dirigirse a Dios personalmente, llamándolo Padre. Eso era algo inconcebible. Dios es llamado Padre en el Antiguo Testamento unas catorce veces[9], pero de manera impersonal o para referirse a Él como el Padre de la nación hebrea; nunca individualmente. Sin embargo, en el Nuevo Testamento Dios es llamado Padre unas 275 veces[10]. Jesús mismo se refiere a Dios como Padre no menos de sesenta veces en los cuatro Evangelios. «Tan marcada es esta diferencia que algunos académicos sostienen que la diferencia entre el Antiguo Testamento y el Nuevo Testamento puede ser resumida en la palabra Padre»[11].

Como muchos sabrán, la palabra que Jesús usa en esta oración es el término arameo *abba* cuyo significado es «padre» o «papá». *Abba* es la forma cariñosa de decir «padre» en arameo, pero note que en esta oración, Jesús no llama a Dios *abba* e inmediatamente pasa a hacerle peticiones, sino que guarda el equilibrio entre la familiaridad y la majestad de Dios al decir: «Padre nuestro que estás en los cielos». Observe también que en esta frase, Cristo no simplemente dice «Padre que estás en los cielos», sino que dice «Padre nuestro». Esto implica que Jesús se considera hermano nuestro y eso es exactamente lo que dice el autor de Hebreos: «Porque tanto el que santifica como los que son santificados, son todos de un Padre; por lo cual Él no se avergüenza de llamarlos hermanos» (Heb. 2:11).

Por medio de la regeneración, Jesús nos hace Sus hermanos y por medio de la adopción, el Padre nos hace Sus hijos. Piense en su peor pecado, a pesar de eso, si verdaderamente es hijo de Dios, Jesús no se avergüenza de llamarle hermano. Es increíble pensar que aun siendo tan pecadores como somos, Jesús no se avergüenza de tenernos como

---

[9] R. Kent Hughes, *The Sermon on the Mount* (Wheaton, IL: Crossway Books, 2001), pág. 154.

[10] Haddon Robinson, *What Jesus Said About Successful Living* (Grand Rapids, MI: Discovery House, 1991), pág. 193.

[11] R. Kent Hughes, *The Sermon on the Mount* (Wheaton, IL: Crossway Books, 2001), pág. 155.

hermanos. Es igualmente increíble que Dios Padre nos dé el mismo título de hijos que le dio a Su unigénito aunque somos hijos por adopción, siendo Cristo el Hijo eterno a quien el Padre amó desde toda la eternidad.

Somos como el hijo rebelde que ha sido reprendido y disciplinado múltiples veces, pero Jesús es ese hijo obediente que nunca ha sido reprendido ni disciplinado por su pecado. La única vez que Jesús fue castigado, no fue por Su pecado, sino por el nuestro. Pero Dios nos llama igual: hijos. Porque para eso vino Cristo, para hacernos hijos de Dios, según el Evangelio de Juan:

> «Pero a todos los que lo recibieron, les dio el derecho de llegar a ser hijos de Dios, es decir, a los que creen en Su nombre, que no nacieron de sangre, ni de la voluntad de la carne, ni de la voluntad del hombre, sino de Dios» (Juan 1:12-13).

Antes de creer en Cristo éramos hijos de ira y ahora somos hijos de Dios. Aún más, tanto el hijo adoptivo (nosotros) como el Hijo eterno son coherederos del reino según Romanos 8:16-17. Eso es gracia infinita.

Con la expulsión de Adán y Eva del Jardín del Edén, sus descendientes perdieron la paternidad de Dios y esa pérdida resultó en muchos temores y muchas inseguridades en los descendientes de Adán. Parte de lo que se supone que ocurra cuando nos convertimos en miembros de la familia de Dios es que vayamos perdiendo esos temores e inseguridades a medida que conocemos más a Dios y nos relacionamos con Él como nuestro Padre. Esto es precisamente lo que Cristo estaba tratando de enseñarnos con las siguientes palabras que aparecen en diferentes pasajes de los Evangelios:

Mateo 6:8

«...su Padre sabe lo que ustedes necesitan antes
que ustedes lo pidan».

Mateo 6:14

«...también su Padre celestial les perdonará a ustedes [sus pecados]».

Mateo 6:26

«Miren las aves del cielo, que no siembran, ni siegan, ni recogen en graneros, y sin embargo, el Padre celestial las alimenta. ¿No son ustedes de mucho más valor que ellas?».

Lucas 12:32

«No temas, rebaño pequeño, porque el Padre de ustedes ha decidido darles el reino».

Cuando decimos «Padre nuestro» debiéramos tener presente todas las cosas que un padre terrenal hace por sus hijos sabiendo que Dios hará por nosotros eso y mucho más, ya que tenemos un Padre celestial que es bueno, fiel, sabio, eterno, bondadoso y misericordioso. Es a ese Padre a quien oramos. Y la realidad es que la naturaleza de nuestro Padre es ser dadivoso y Su deseo es suplir todas nuestras necesidades. Por lo tanto, la persistencia de nuestra oración no cansa al Padre, que nunca ignora las peticiones de Sus hijos. Nuestro Padre celestial es superior a nuestro padre terrenal y, por ende, solo sabe darnos buenas y mejores dádivas. Él es tan increíblemente bueno que no solo nos dio al Hijo y Su Palabra, sino que envió al Espíritu Santo a morar en nosotros.

La expresión «Padre nuestro que estás en los cielos» está ahí para recordarnos, por un lado, que Dios quiere tener cercanía con nosotros, pero de una manera que sea reverente y honre quién es Él. Esa frase pone a Dios en Su lugar y nos pone a nosotros en nuestro lugar. Por otro lado, esa expresión protege a los hijos de Dios porque a lo largo de la historia bíblica y la historia de la Iglesia, en ocasiones los hijos de Dios han perdido el sentido de reverencia y como resultado han hecho de nuestro Dios un dios pequeño, liviano, superficial, un dios poco santo que no juzga el pecado y, por tanto, un dios que merece poco respeto. Y cuando los hombres trataron a Dios de esa manera en el pasado, la ira de Dios se encendió contra ellos y el pueblo sufrió las consecuencias. Por eso decimos que la frase «que estás en los cielos» protege la integridad del pueblo de Dios para que nunca nos equivoquemos en cómo dirigirnos a Él.

Santificado sea Tu nombre

Hasta ahora, tan solo hemos visto la primera frase de la oración del Padrenuestro; veamos ahora la primera petición: «santificado sea Tu nombre». El famoso Catecismo de Heidelberg, uno de los grandes catecismos reformados, escrito unos cuarenta años después del inicio de la Reforma, hace referencia a esta oración y dice lo siguiente sobre esta primera petición:

> «"Santificado sea tu nombre" quiere decir: Ayúdanos a que verdaderamente te conozcamos, honremos, glorifiquemos y alabemos por todas tus obras y por todo lo que resplandece de ellas: tu todopoderoso poder, sabiduría, bondad, justicia, misericordia y verdad. Y quiere decir, ayúdanos a dirigir toda nuestra vida, lo que pensamos, decimos y hacemos, de tal manera que tu nombre jamás sea blasfemado a causa de nosotros sino que sea honrado y alabado»[12].

Según los autores de este catecismo, santificar el nombre de Dios en nuestras vidas implica tratarlo con reverencia en nuestros pensamientos, palabras y acciones. En otras palabras, que nuestras vidas reflejen Su carácter y reflejen Su gloria. Esta es una petición en el Padrenuestro porque cada uno de nosotros necesita la ayuda del Espíritu para vivir de esa manera. Pero al mismo tiempo le estamos pidiendo a Dios que Él mismo santifique ese nombre.

En el contexto hebreo, tanto el nombre de una persona como su palabra eran de gran importancia. De hecho, el nombre era mucho

---

[12] Catecismo de Heidelberg, Día del Señor 47 (https://www.rca.org/about/theology/creeds-and-confessions/the-heidelberg-catechism/catecismo-de-heidelberg/).

más que una forma de identificar a las personas, ya que muchas veces hablaba del carácter y la esencia de la persona, es decir, representaba lo que esa persona era. Por eso en el Salmo 138:2 el salmista dice que Dios ha engrandecido Su nombre y Su palabra por encima de todo. Esas dos cosas representan lo que Dios es. Su nombre habla de Su esencia, de lo que Él es, y Su palabra habla de Su autoridad y de Su fidelidad.

Con esto en mente, observa en los siguientes versículos cómo el salmista entendió la importancia que Dios le ha dado a Su nombre precisamente porque el nombre de Dios alude a quién es Él. Veamos:

> «Oh SEÑOR, *por amor de Tu nombre,* Perdona mi iniquidad, porque es grande» (Sal. 25:11, cursivas añadidas).
>
> «*Por amor a Tu nombre,* SEÑOR, vivifícame; Por Tu justicia, saca mi alma de la angustia» (Sal. 143:11, cursivas añadidas).

La reputación del nombre de Dios estaba en la mente del salmista cuando clamó a Él por perdón. Por eso, en su angustia, apeló al carácter bondadoso y misericordioso de Dios representado por Su nombre. De manera similar, Daniel también apeló al nombre de Dios cuando en un momento oró por la condición de la nación hebrea diciendo:

> «¡Oh Señor, escucha! ¡Señor, perdona! ¡Señor, atiende y actúa! ¡No tardes, por amor de Ti mismo, Dios mío! Porque Tu nombre se invoca sobre Tu ciudad y sobre Tu pueblo» (Dan. 9:19).

Aquí Daniel le está pidiendo a Dios que intervenga a favor del pueblo no porque lo merezcan, sino porque la reputación del nombre de Dios estaba en juego. Daniel sabía que si las naciones paganas veían la precaria condición del pueblo sobre el cual se invoca el nombre del Señor, no pensarían nada bueno de su Dios. Por lo tanto, le pide a Dios que interceda por el pueblo para que Su nombre no sea blasfemado por los gentiles a causa de ellos.

Los diferentes nombres de Dios hablan de la reputación que Dios ha construido para Su nombre al actuar en la historia. Veamos algunos de ellos a continuación:

- **YHWH**, el Dios autosuficiente que no necesita de nada ni de nadie.
- **Elohim**, el Dios creador de los cielos y la tierra.
- **El Shaddai**, el Dios todopoderoso para quien nada es difícil o imposible.
- **El Elyon**, el Dios altísimo que está por encima de todo.
- **El Olam**, el Dios eterno que siempre ha existido.

Ese es el nombre que Dios nunca dejará caer porque Dios siempre estuvo y ha estado preocupado por la reputación de Su nombre.

Presta atención al siguiente pasaje del libro de Ezequiel donde Dios da testimonio a través de Su profeta de lo que le ha pasado a Su nombre y lo que Él va a hacer al respecto.

> «Los esparcí entre las naciones y fueron dispersados por las tierras. Conforme a sus caminos y a sus obras los juzgué. Cuando llegaron a las naciones adonde fueron, *profanaron Mi santo nombre*, porque de ellos se decía: "Estos son el pueblo del Señor, y han salido de Su tierra". *Pero yo he tenido compasión de Mi santo nombre,* que la casa de Israel había profanado entre las naciones adonde fueron. Por tanto, dile a la casa de Israel: "Así dice el Señor Dios: 'No es por ustedes, casa de Israel, que voy a actuar, *sino por Mi santo nombre,* que han profanado entre las naciones adonde fueron. *Vindicaré la santidad de Mi gran nombre* profanado entre las naciones, el cual ustedes han profanado en medio de ellas. Entonces las naciones sabrán que yo soy el Señor', declara el Señor Dios, 'cuando demuestre Mi santidad entre ustedes a la vista de ellas'"» (Ezeq. 36:19-23, cursivas añadidas).

Es ese nombre que la Iglesia de Cristo en algunos lugares ha permitido que se profane entre las naciones de esta generación y por ello hoy sufre las consecuencias. Cuando una nación y peor aún, cuando la Iglesia en esa nación deshonra el nombre de Dios una y otra vez, Dios le da la espalda a esa nación. Sobre todo cuando ha sido bendecida por Dios y ha alcanzado un lugar especial entre las naciones como ocurrió con Israel en la antigüedad, y luego decide pisotear los valores de nuestro Dios y Sus ordenanzas. Por tanto, el que tenga oídos para oír, que oiga las advertencias que el Espíritu de Dios ha dado a la Iglesia contemporánea a través de la historia del pueblo de Dios plasmada en Su Palabra.

No es por accidente que «santificado sea tu nombre» sea la primera petición del Padrenuestro. En el texto de Ezequiel recién citado, Dios se refiere a Su nombre cuatro veces en cinco versículos, y en las cuatro ocasiones se refiere a Su santo nombre. Uno de los Diez Mandamientos fue dado para proteger la integridad de ese nombre y por eso el cuarto mandamiento dice: «No tomarás el nombre de Dios en vano». En el contexto hebreo, no tomar el nombre de Dios en vano es no vaciarlo de su contenido. Por lo tanto, cuando usamos el nombre de Dios, pero no vivimos conforme a la santidad de ese nombre, estamos profanando y tomando el nombre de Dios en vano. «Santificado sea tu nombre» es una petición importante porque ninguna otra petición será concedida a menos que santifiquemos el nombre de Dios en nuestras vidas.

Venga Tu reino

«Venga Tu reino» es la segunda petición del Padrenuestro y con ella nos surgen algunas preguntas sobre este reino. ¿A dónde vendrá? ¿Cuándo? ¿En el presente o en el futuro? ¿Cómo definimos ese reino? ¿Cómo luce? ¿Cómo entramos en ese reino? Sin duda, esta sola petición es material suficiente para todo un libro. Ahora bien, en síntesis, el reino de Dios o el reino de los cielos «representa principalmente el gobierno de Dios, la autoridad monárquica divina»,[13] según uno de los diccionarios teo-

---

[13] Walter A. Elwell, ed., *Evangelical Dictionary of Theology* (Grand Rapids: Baker Book House Company, 1984), pág. 608.

lógicos consultados durante la preparación de este material. El reino de Dios o reino de los cielos consiste en el ejercicio de la autoridad soberana de Dios en el pasado, en el presente y en el futuro. Este reino ha sido una realidad espiritual hasta ahora y será una realidad física aquí en la tierra en un futuro.

El gobierno de Dios es ejercido plenamente en los cielos donde solo se hace la voluntad de Dios. Sin embargo, aunque Dios ejerce Su dominio en toda la tierra, aquí abajo, Su voluntad recibe continua oposición de otro reino, el reino de las tinieblas. Hoy día, el reino de Dios está presente en el corazón de cada individuo que ha creído las Buenas Nuevas de salvación y donde Cristo ha sido instaurado como Señor. En ese corazón regenerado, Dios ejerce Su dominio, pero aun allí encuentra oposición porque la voluntad del hombre, teñida por el pecado, continuamente cuestiona y quiere rebelarse contra la voluntad de Dios, porque los deseos de la carne se oponen contra los deseos del Espíritu (Gál. 5:17). En el corazón del creyente antes reinaba la maldad porque éramos esclavos del pecado (Rom. 6:20), pero ahora somos libres en Cristo y allí Cristo reina en su lugar, pero no sin oposición.

En otras palabras, el reino de los cielos es esa realidad ya presente entre nosotros, pero es un reino que se abre camino luchando contra el pecado del hombre y contra las huestes espirituales de maldad. El reino de Cristo fue inaugurado, pero las tinieblas no han sido totalmente replegadas. El apóstol Juan expresa esto en su primera carta cuando afirma: «...las tinieblas van pasando, y la Luz verdadera ya está alumbrando» (1 Jn. 2:8b). Hay un reino que va pasando y hay otro reino que va avanzando. Esto es hasta que llegamos a Apocalipsis 11 donde se narra el final de nuestros tiempos:

> «El séptimo ángel tocó la trompeta, y hubo grandes voces en el cielo, que decían: "El reino del mundo ha venido a ser el reino de nuestro Señor y de Su Cristo. Él reinará por los siglos de los siglos"» (Apoc. 11:15).

Si el reino es presente y el reino es futuro, entonces la petición «venga Tu reino» debe tener una doble aplicación. En el presente, esta petición busca que el señorío de Cristo ya establecido en nuestros corazones pueda crecer en cada hijo de Dios para que el pecado tenga menos poder sobre nosotros y que esto se manifieste en nuestra manera de pensar, hablar, exigir, cuestionar, esperar, actuar, valorar, desear y juzgar. De modo que cada vez haya menos evidencia del viejo hombre en nosotros y menos evidencia del reinado anterior, donde el pecado era dueño y señor de nuestras vidas, y que haya cada vez más evidencia del nuevo hombre, en quien reina Cristo. Esto para que no quede duda en la mente de los demás sobre quién verdaderamente reina en nuestros corazones.

Cuando decimos «venga Tu reino», esta petición tiene otra dimensión en el presente y es la extensión del reino de Cristo en el corazón de aquellos que aún no han creído y donde todavía reina el pecado. En ese sentido, el reino de los cielos continúa avanzando porque cada vez que el evangelio transforma una vida, esa vida pasa del reino de las tinieblas al reino de la Luz. Así que esta petición está directamente relacionada con la Gran Comisión.

Hágase Tu voluntad, así en la tierra como en el cielo

Esta tercera petición nos recuerda que hay una dimensión de la voluntad de Dios que es desconocida para nosotros. A esa voluntad se refería Pablo cuando escribió: «¡Cuán insondables son Sus juicios e inescrutables Sus caminos!» (Rom. 11:33). Pero hay una voluntad que podemos conocer y es la que nos fue revelada en Su Palabra. Cuando pedimos a Dios que se haga Su voluntad, así en el cielo como en la tierra, nos estamos refiriendo a esa voluntad revelada. Esa es la voluntad de Dios que podemos conocer y por lo tanto esa es la que podemos obedecer.

En su libro *The Lord's Prayer* [El Padrenuestro], el teólogo puritano Thomas Watson comenta que al decir «hágase Tu voluntad, así en la tierra como en el cielo» estamos orando básicamente por dos cosas:

1) **Una obediencia activa.** Esto es, «para que podamos hacer la voluntad de Dios activamente en lo que Él ordena»[14].
2) **Una obediencia pasiva.** Es decir, «que podamos someternos pacientemente a la voluntad de Dios en lo que Él inflige»[15].

Si Su voluntad es buena, agradable y perfecta, entonces tiene sentido que nosotros pidamos ayuda para hacerla. Conocer la voluntad de Dios y no obedecerla, no nos ayuda en nada. De hecho, empeora nuestra condición, decía Watson.

Para concluir, entendemos que es oportuno citar de nuevo a Thomas Watson, aunque nos tomaremos la libertad de hacer ciertas adaptaciones al traducir algunas de sus palabras del inglés al español. Presta atención a la manera en que Watson nos anima a pensar acerca de la voluntad de Dios:

1) El gran designio de Dios en Su Palabra es hacernos hacedores de Su voluntad.
2) La meta de todas las promesas de Dios es llevarnos a hacer Su voluntad.
3) La porción de la Palabra que representa una advertencia o alguna amenaza para nosotros tiene la intención de alejarnos del pecado y convertirnos en hacedores de la voluntad de Dios.
4) El cuidado providencial de Dios tiene por fin el que lleguemos a hacer Su voluntad: las aflicciones son enviadas para llevarnos a hacer Su voluntad; las misericordias de Dios tienen como propósito que hagamos Su voluntad.
5) Al hacer la voluntad de Dios, mostramos nuestro amor a Cristo, quien dijo que si lo amábamos, obedeceríamos Sus mandamientos.
6) Hacer la voluntad de Dios es para nuestro beneficio.

---

[14] Thomas Watson, *The Lord's Prayer* (Banner of Truth, 1960), versión Kindle, pág. 2882 de 6297.

[15] Ibid.

7) Hacer la voluntad de Dios es nuestro honor. Consideraríamos un honor que un rey distinguido nos encomendara hacer algo. Hay mucho más honor en hacer la voluntad de Dios.
8) Hacer la voluntad de Dios en la tierra nos hace semejantes al carácter de Cristo.
9) Hacer la voluntad de Dios en la tierra nos trae paz en la vida y en la muerte.
10) Si reconocemos a Dios como Señor, entonces debiéramos hacer Su voluntad antes que cualquier otra voluntad.

De manera que, esta es una petición extraordinaria que anhela ver la voluntad de Dios cumplida en la tierra como en los cielos, con gozo, sin oposición y por completo. Si Dios nos permite entender la forma, pero sobre todo el fondo de esta oración, entonces tendremos un modelo perfecto para orar y no nos faltarán razones para pedirle que venga a nosotros Su reino porque deseamos que se haga Su voluntad y que Su nombre sea santificado en nuestras vidas. Que Dios nos ayude a orar continuamente por estas cosas y recordar que si bien Él es el Dios santo que mora en las alturas, también es nuestro Padre.

Capítulo 3

Orando con el Maestro

Por nuestras necesidades

Ustedes, pues, oren de esta manera: «Padre nuestro que estás en los cielos, santificado sea Tu nombre. Venga Tu reino. Hágase Tu voluntad, así en la tierra como en el cielo. Danos hoy el pan nuestro de cada día. Y perdónanos nuestras deudas, como también nosotros hemos perdonado a nuestros deudores. Y no nos dejes caer en tentación, sino líbranos del mal. Porque Tuyo es el reino y el poder y la gloria para siempre. Amén».
Mateo 6:9-13

En el capítulo anterior comenzamos a exponer la oración que tradicionalmente ha sido conocida como el Padrenuestro y decíamos que esta oración contiene seis peticiones. Las tres primeras están relacionadas con Dios: Su nombre, Su reino y Su voluntad; mientras que las últimas tres peticiones tienen que ver con nosotros y nuestras necesidades: nuestra necesidad de sustento físico, nuestra necesidad de perdón y nuestra necesidad de protección. Hasta ahora hemos visto las tres primeras peticiones y en este capítulo queremos centrarnos en la cuarta y quinta petición, dejando la sexta petición para analizarla en el siguiente capítulo.

Como habrás notado, la oración modelo nos permite ver que al iniciar nuestras oraciones, el enfoque debe estar en Dios primero y en nosotros en segundo lugar, porque lo que Dios quiere darnos espiritualmente es más importante que lo que nosotros deseamos recibir de Él.

Recuerda que el universo entero es Dios-céntrico. Dios es el eje sobre el cual gira la historia y Su aliento es lo que da vida a todo lo que respira. Todo lo que existe depende del poder de existencia que está en Dios. Entonces, si el universo entero es Dios-céntrico, nuestras oraciones no pueden ser diferentes. Sin embargo, cuando oramos, a menudo vamos directamente a las peticiones porque consciente o inconscientemente hemos llegado a creer que la oración se trata fundamentalmente de pedirle a Dios que nos otorgue cosas. Pero en realidad, orar es mostrar nuestra dependencia de Dios y enfatizar nuestra confianza en Él.

Orar es un ejercicio de crecimiento. Cuando oramos reflexivamente, crece nuestro entendimiento del carácter de Dios y crece nuestro carácter. Cuando oramos como debemos orar, nuestra fe o confianza en Dios también crece porque ejercitamos nuestra dependencia de Él. Por otro lado, cuando damos gracias a Dios en oración, crece nuestro sentido de gratitud y, finalmente, cuando santificamos Su nombre, nuestra reverencia hacia Dios también crece.

La versión de Lucas del Padrenuestro revela que esta es la oración que Jesús pronunció en respuesta a la petición de Sus discípulos de que les enseñara a orar. De manera que, esta oración les serviría de modelo para saber cómo orar, no como una fórmula exacta de cómo hacerlo. Al mismo tiempo, detrás de las palabras que componen esta oración, Jesús dejó enseñanzas sobre la vida de oración que ellos debían aprender. Dicho todo lo anterior, pasemos ahora a la cuarta petición del Padrenuestro.

Danos hoy el pan nuestro de cada día

A simple vista, esta frase parece enseñarnos que debemos pedir a Dios nuestro sustento físico de la manera más básica posible y que todo lo demás queda en Sus manos. Pero como probablemente me has escuchado decir antes, esta petición no es tan simple como parece. Jesús dejó otras enseñanzas detrás de esta frase y quizás detrás de cada una de las palabras que componen la oración del Padrenuestro.

Con la palabra «danos», Jesús nos invita a pedir sabiendo que tenemos un Padre dadivoso por naturaleza. Dios disfruta de dar, especialmente de dar a aquellos que son Suyos. Dios disfruta de dar de lo que Él es, de lo que Él tiene y de lo que Él hace. Nuestro Dios se complace en dar no solo porque dar es Su naturaleza, sino porque dar lo revela, revela Su carácter. Y si hay algo que Dios ha estado tratando de hacer desde el principio es revelarse al hombre porque mientras más Dios se revela, el hombre más lo conoce. Y mientras más lo conoce, más lo ama; mientras más lo ama, más lo obedece; mientras más lo obedece, más propósito de vida encuentra; y mientras más el hombre vive conforme a su propósito de vida, más disfruta de las bendiciones de Dios.

Ahora bien, no podemos ser hijos de Dios que solo saben pedir sin santificar Su nombre, sin buscar Su reino y sin querer hacer Su voluntad. Por eso, las primeras tres peticiones del Padrenuestro tienen que ver precisamente con estas cosas. Al enseñar a Sus discípulos a orar, Jesús nos deja ver que está bien pedir, siempre y cuando tengamos nuestras prioridades en orden. De hecho, la carta de Santiago nos enseña que la mano de nuestro Dios está llena de dádivas para Sus hijos, pero muchas veces no tenemos porque no pedimos (Sant. 4:2b).

Por otro lado, nota que cuando Jesús oró, dijo: «Danos hoy…». En otras palabras, Cristo quiere que pidamos enfocados en el día de hoy porque cada día tiene su propio afán. No debemos preocuparnos por el día de mañana cuando ni siquiera tenemos la certeza de que lo vamos a vivir. Y es que la preocupación por el mañana no nos deja hacer la voluntad de Dios hoy. La preocupación nos impide confiar en Dios hoy para lo que pueda venir mañana. No fue casualidad que en el desierto, Dios les diera a los judíos maná cada día y no les permitiera guardarlo para el día siguiente. De hecho, el primer día que llovió maná, Dios instruyó al pueblo a no guardarlo porque al día siguiente, Dios volvería a proveer. Muchos lo ignoraron y guardaron el maná, dudando de que Dios cumpliría Su promesa al día siguiente. El maná acumulado se pudrió esa noche; pero al otro día, conforme a la fidelidad de Dios, hubo maná fresco para todo el pueblo.

Los que preocupados por la provisión del mañana recogieron maná de más cuestionaron la fidelidad de Dios y lo mismo sucede hoy con los que viven dudando si tendrán o no la provisión del día de mañana.

La petición del Padrenuestro, «danos hoy el pan nuestro de cada día», requiere que creamos hoy que Él proveerá mañana. Esa fue la misma condición en la que Dios colocó a la nación judía en el desierto. Cada día, el pueblo tenía que creerle a Dios que al día siguiente habría provisión, aun sabiendo que en medio del desierto no había colmados ni supermercados, ni cadenas de tiendas, ni lluvia, ni ríos, ni cultivos, solo arena. Ese solo testimonio de la provisión de Dios debería bastarnos para saber que la necesidad de mañana no es problema para Dios hoy.

Para los que vivimos en Occidente en pleno siglo xxi con grandes neveras y congeladores, es inconcebible pensar en pedir por la comida de hoy cuando tenemos comida en la nevera para varios días. Esta porción del Padrenuestro tiene mucho menos impacto para nosotros que llevamos vidas sofisticadas y altamente planificadas. Pero hay personas entre nosotros y alrededor de nosotros que comen hoy, mas no tienen garantía de que comerán mañana. Para ellos esta petición adquiere un carácter existencial. Su existencia depende de la respuesta de Dios a su oración.

Si somos sinceros, debemos admitir que nuestras vidas planificadas y modernas interfieren con el desarrollo de nuestra relación con Dios. La vida moderna nos lleva a confiar menos en Dios porque tenemos tantas cosas resueltas y planificadas que, aun sin considerar a Dios, suelen salir de acuerdo con nuestros planes. Sin embargo, a pesar de eso, muchos hijos de Dios no pueden disfrutar de las bendiciones de su Padre celestial porque la preocupación por el mañana no les permite vivir en paz hoy. Es triste ver como muchos viven preocupados por un mañana que no conocen, que no controlan y ni siquiera saben si lo habitarán.

Entonces, así como Jesús nos llama a confiar en el carácter dadivoso de nuestro Dios, nos llama a orar de manera sencilla diciendo: «Danos hoy el pan nuestro de cada día» (Mat. 6:11). Con esto, Jesús no les prohibió que pidieran otras cosas como pescado, por ejemplo, ya que de hecho Él mismo les sirvió pescado a la orilla de la playa después de Su resurrección. Más bien, el pan es representativo de nuestro sustento diario. El pan era y sigue siendo parte integral de la dieta judía. Por lo tanto, Jesús los estaba animando a pedirle a Dios lo básico y confiar en Él para el resto de las provisiones que Él mismo llama añadiduras.

La razón por la que no nos atrevemos a pedir de manera tan sencilla es porque no confiamos lo suficiente en la fidelidad de Dios y en Su carácter dadivoso. Sin embargo, el salmista estaba en lo correcto cuando escribió: «Yo fui joven, y ya soy viejo, y no he visto al justo desamparado, ni a su descendencia mendigando pan» (Sal. 37:25). Si esto es cierto, y lo es, nuestra única preocupación debería ser vivir como personas justas; Dios se encargará del resto. Este fue uno de los textos preferidos de mi padre y nosotros, sus hijos, hemos vivido para probar la veracidad de este versículo.

Veamos con detenimiento la frase final de esta cuarta petición: «Danos hoy el pan nuestro *de cada día*» (Mat. 6:11, cursivas añadidas). Esta frase, «de cada día», ha sido traducida al inglés como *daily*, que quiere decir «diario» en español. En el griego, la frase que ha sido traducida en nuestras Biblias como «de cada día» es una sola palabra, *epiousios*, que significa «diario».

Esta palabra solo aparece en este versículo de la Biblia y no aparece en ninguna otra parte de la literatura griega del pasado (secular y no secular), y hasta el siglo xix, los académicos no estaban seguros de cómo interpretarla porque no sabían con certeza qué significaba. Pero en el siglo xix apareció un papiro con lo que parecía ser una lista de alimentos para comprar y en ella aparecía la palabra *epiousios*. Fue entonces cuando se pensó que el término significaba «el pan de hoy» o «el pan de mañana». En esencia, el pan que necesitamos para un día[16].

Por lo tanto, en nuestras Biblias, esta palabra griega está traducida al español como «de cada día». Y para los que vivimos en Occidente esta es una muy buena oración para curarnos de nuestra incesante necesidad de acumular, de ahorrar y de hacer provisión para el futuro porque no queremos correr riesgos. Uno de los problemas cuando estamos muy bien abastecidos y saciados es que comenzamos a confiar en nosotros mismos y nos desligamos de Dios. Por eso Agur, el autor de Proverbios 30, sabiamente escribió:

---

[16] Kent Hughes, *The Sermon on the Mount* (Crossway Books, 2001), pág. 181.

> «Aleja de mí la mentira y las palabras engañosas, no me des pobreza ni riqueza; dame a comer mi porción de pan, no sea que me sacie y te niegue, y diga: "¿Quién es el Señor?". O que sea menesteroso y robe, y profane el nombre de mi Dios» (Prov. 30:8-9).

Habiendo visto todo lo anterior, ahora tenemos una mejor idea de lo que significa decirle a Dios: «Danos hoy el pan nuestro de cada día». Veamos entonces la quinta petición del Padrenuestro.

Y perdónanos nuestras deudas, como también nosotros hemos perdonado a nuestros deudores

La acción detrás de esta petición es el perdón. Toda la fe cristiana está construida sobre la base del perdón; el perdón de Dios Padre hacia una humanidad rebelde. Si removemos el perdón de nuestra fe, no queda absolutamente nada. Todas las promesas de Dios, desde la vida eterna hasta las promesas de gozo, paz, propósito, etc., dependen de o están relacionadas con el perdón otorgado por Cristo en la cruz. Esto nos da una idea de cuán importante es este concepto para Dios. Sin embargo, la acción de perdonar no ha sido una prioridad en la mente de los seres humanos en ninguna de las épocas, incluidos aquellos de nosotros que ya hemos conocido a Cristo personalmente.

Hay muchos malentendidos en torno a este tema. Por un lado, muchos no tienen claro qué es el perdón; otros no saben cómo perdonar; y una gran parte no ve con claridad las enormes consecuencias que caen sobre nosotros cuando nos negamos a perdonar. Por esta razón, nos gustaría comenzar a analizar esta quinta petición dando algunas definiciones de lo que es el perdón.

Perdonar es pasar por alto una ofensa sin imponer una penalidad. En Cristo, Dios ilustró esto de la siguiente manera:

> «...Dios estaba en Cristo reconciliando al mundo con Él mismo, no tomando en cuenta a los hombres sus transgresiones, y nos

ha encomendado a nosotros la palabra de la reconciliación» (2 Cor. 5:19).

Dios pasó por alto nuestras transgresiones, pero Él embistió al Hijo con Su ira, y debido a que Cristo llevó el peso de nuestro pecado, estamos libres de castigo porque perdonar es liberar a otro del juicio o de una deuda. Asimismo, perdonar es renunciar a un derecho o renunciar a la venganza. Perdonar es dejar ir el amargo recuerdo que produjo la experiencia. Perdonar es cargar con las consecuencias del pecado de otro como lo hizo Cristo en la cruz.

Cuando decimos a Dios: «Perdónanos nuestras deudas», inmediatamente nos damos cuenta de lo que estamos pidiendo. En esencia, la petición es la concesión del perdón de Dios por los pecados en los que hemos incurrido. Esto a pesar de que la palabra pecado no se menciona en esta petición porque esa palabra no aparece en el original, aunque algunas traducciones de la Biblia usan este término.

En el Nuevo Testamento hay dos palabras que se usan con mayor frecuencia para hablar de pecado. La primera es *hamartía* que significa «errar el blanco». Esta palabra alude a alguien que apunta a la diana en el tiro al blanco y no puede dar en el blanco, sino que falla continuamente. La segunda palabra en frecuencia que se traduce como pecado es *parábasis* que significa «pasar o transgredir una línea». Ninguna de estas dos palabras es usada en el texto del Padrenuestro. La palabra usada al pedir perdón es el término griego *ofeilema*, traducido al español como *deuda* porque significa «faltar a una deuda que se ha contraído» o «no hacer el pago legal por una deuda previamente contraída». Esta sola palabra nos permite ver que somos deudores y la verdad es que siempre lo seremos porque nunca habrá un momento de nuestra existencia en el que no seamos deudores de nuestro Dios.

Es importante que entendamos que cuando hablamos del perdón con relación a Dios, por un lado hay un sentido eterno de ese perdón que tiene que ver con el hecho de que nuestros pecados fueron perdonados en la cruz de manera tal que ya no tendremos que enfrentar la condenación eterna. Ese perdón nos fue otorgado de una vez y para siempre y por tanto ya no hay condenación para los que están en Cristo Jesús (Rom. 8:1). Pero, por otro lado, nuestros pecados tienen una connotación o sentido temporal de tal manera que, cuando pecamos hoy, Dios entiende que hay algo que debemos hacer para mantener la calidad de nuestra vida espiritual ante Él y es pedir perdón. Por eso, Cristo enseñó a Sus discípulos a decir: «Perdónanos nuestras deudas» (Mat. 6:12a).

La dificultad que experimentamos para entender esta petición está íntimamente relacionada con una simple palabra que aparece en el texto y que creemos que es la palabra clave para entender lo que Cristo está tratando de enseñar. Nos referimos a la palabra «como». Esta palabra puede actuar como conjunción en el caso de que aparezca uniendo dos frases condicionales, y esto es exactamente lo que sucede en Mateo 6:12. La palabra «como» está uniendo dos frases y una de las frases establece la condición de la otra. En este caso, el perdón que le pedimos a Dios está supeditado a un perdón que se supone que ya hemos otorgado a cualquiera que nos haya ofendido o herido.

Veamos la petición nuevamente: «Y perdónanos nuestras deudas, *como* también nosotros hemos perdonado a nuestros deudores» (Mat. 6:12, cursivas añadidas). Estamos pidiendo a Dios que nos perdone como ya hemos perdonado a quienes nos han herido u ofendido. No es que los vayamos a perdonar, sino que ya lo hemos hecho. Entonces, si no hemos perdonado, Dios tampoco nos perdonará a nosotros, porque la condición que Cristo establece para nuestro perdón aún no se ha cumplido. En otras palabras, el perdón temporal del que estamos hablando (no el perdón de la condenación eterna) depende de que primero perdonemos a aquellos que han pecado contra nosotros. Si no lo creemos así, resulta que Cristo mismo nos ofrece la interpretación de este versículo en los versículos 14 y 15 de Mateo 6, donde dice:

> «Porque si ustedes perdonan a los hombres sus transgresiones, también su Padre celestial les perdonará a ustedes. Pero si no perdonan a los hombres, tampoco su Padre les perdonará a ustedes sus transgresiones» (Mat. 6:14-15).

Está claro, entonces, que Dios entiende que no debemos esperar de Él lo que no estamos dispuestos a conceder a otros. Pero, lamentablemente, no nos percatamos de que nuestra falta de perdón tiene consecuencias monumentales. Cuando no perdonamos:

- Nuestra comunión con Dios se ve afectada. No podemos tener enemistad con nuestro prójimo y armonía con Dios al mismo tiempo.
- Nuestra vida de oración pierde vitalidad y eficacia.
- Dios no interviene en la solución del problema y entonces nuestra agonía se prolonga.
- Las bendiciones de Dios se detienen.
- Dios nos deja lidiar con el problema en nuestras propias fuerzas y eso nos desgasta.
- Nos convertimos en esclavos de la persona que no podemos perdonar porque siempre está en nuestra mente.
- Satanás gana acceso al ejercicio de nuestra voluntad y nos convertimos en su instrumento.
- Nuestro pecado de resentimiento nos lleva a pecar de muchas otras maneras: pecamos con ira, juicio, insensibilidad, orgullo y falta de respeto.

Vale la pena preguntarnos, ¿por qué Dios no nos perdona cuando no perdonamos? Bueno, hay varias razones. En primer lugar, toda transgresión de la ley de Dios es infinitamente pecaminosa porque se ha cometido contra un Dios infinitamente santo, recto y justo. Ese no es nuestro caso cuando alguien nos hiere o nos ofende. Cuando alguien peca contra nosotros es simplemente un pecador hiriendo a otro pecador con una acción que en la mayoría de los casos, nosotros mismos ya hemos cometido en algún momento o de alguna otra manera.

En segundo lugar, el perdón que Dios nos concedió en la cruz le costó a Dios la vida de Su Hijo y le costó al Hijo la máxima humillación al tener que morir en una cruz prácticamente desnudo, escupido, torturado y traspasado. Cuando tenemos que perdonar a alguien, no nos cuesta la vida, sino solo un acto de voluntad y un deseo de agradar a nuestro Señor.

En tercer lugar, si nuestro hermano en Cristo peca contra nosotros, Cristo ya pagó por el pecado que ese hermano cometió, pero nosotros insistimos en cobrar una deuda que ya se pagó y que no es nuestra. En cuarto lugar, cuando nos negamos a perdonar, nos estamos considerando dignos del perdón de Dios, pero no consideramos al otro digno de nuestro perdón. En quinto y último lugar, estamos considerando que la ofensa que el otro comete contra nosotros es mayor que la ofensa que nosotros cometemos contra Dios. En otras palabras, nos consideramos más dignos de honra que Dios.

Debido a todo lo que Cristo ha hecho por nosotros, Dios tiene derecho a exigir que perdonemos a los demás y el derecho a negarse a perdonarnos cuando nos negamos a perdonar a otros. En vista de esto, Agustín de Hipona decía que esta petición del Padrenuestro es una petición terrible porque «si pido perdón a Dios con resentimiento en mi corazón, en efecto le estoy pidiendo a Dios que no me perdone...» y con esto, agrega Agustín, «estoy trayendo sobre mí una maldición autoimpuesta». Es como decir, según Agustín: «Oh Dios, ya que yo no he perdonado a mi hermano, por favor, no me perdones a mí». Por su parte, Charles Spurgeon decía que orar el Padrenuestro sin haber perdonado a nuestro hermano es firmar nuestra propia sentencia de muerte.

¿Por qué el perdón no es una prioridad para nosotros?

Dicho todo lo anterior, creemos que vale la pena preguntarse ¿por qué el perdón, que es una prioridad para Dios, no es igualmente importante para nosotros? En nuestra opinión, hay varias razones por lo que esto es así. Veamos algunas de ellas.

Por un lado está el hecho de que el perdón cuesta y no nos gusta pagar. Preferimos que pague el otro. Pero, cuando se trata del perdón,

Dios entiende que es el ofendido quien debe pagar. ¿Y cómo pagamos? Doblegando nuestro orgullo ante la realidad de que ningún pecado cometido contra nosotros se acerca ni remotamente a los miles de pecados que hemos cometido contra Dios y que Dios nos ha perdonado. El orgullo se enfoca en la injusticia recibida, mientras que la humildad se enfoca en cuánto Dios nos ha perdonado.

El orgullo no nos permite hacer del perdón nuestra prioridad ni nuestra realidad porque es el orgullo en nosotros el que nos dice:

- El otro no merece lo que nosotros sí merecemos.
- El pecado del otro es peor que el nuestro.
- Somos mejores que los demás.
- El otro no es tan espiritual como nosotros.
- El otro no sabe de lo que está hablando.
- El otro no siente lo que dice.
- El otro no merece una segunda oportunidad.
- El otro fue el que empezó el problema y le toca a él arreglarlo.
- El arrepentimiento del otro no es verdadero.

Como ya hemos dicho, siempre preferimos que sea la otra persona la que pague y nos gusta hacerle pagar. ¿Cómo? Quisiéramos verlo humillarse o experimentar algún tipo de dolor, llanto o tristeza, o que Dios lo visite con algún tipo de juicio o humillación en su vida «para que aprenda» o «para que pague». Pero Dios nos dice: «¡No! Las deudas, las cobro Yo... no tú».

Como muchos saben, cuando se contrae una deuda, normalmente se tienen que pagar intereses sobre esa deuda. La mayoría de las veces, los intereses que imponemos al otro sobre las deudas contraídas contra nosotros son mucho mayores que los intereses que impone Dios, lo que nos convierte en «usureros del perdón». Y si en términos de dinero la usura es vista como horrible en la Palabra de Dios, imagínate cuánto más en términos espirituales.

Algo que hemos aprendido a lo largo de nuestra propia vida es que la única razón por la que nuestras heridas duran tanto es porque hemos decidido nutrirlas, alimentarlas. La persistencia de nuestra herida es la prueba de que hemos sido heridos y decidimos que esa herida permanezca con nosotros como testigo. Similar a lo que hizo Cristo cuando retuvo las heridas de los clavos como evidencia de que había sido crucificado, pero con una gran diferencia. Cristo retuvo las marcas de las heridas que trajeron el perdón y la reconciliación al hombre como evidencia de que Él había pagado nuestra deuda, pero nosotros retenemos las heridas como evidencia de que el otro nos ha hecho daño y como evidencia de que nuestra falta de reconciliación está justificada. De manera muy diferente a como lo hizo Cristo.

Finalmente, el perdón no es una prioridad para nosotros porque después de haber pasado por una experiencia de dolor, nos llena de miedo pensar que esto se pueda repetir y que nos veamos nuevamente envueltos en una experiencia similar. Pero en realidad, la mejor manera de garantizar que no tengamos que pasar por una experiencia dolorosa no es alejarnos y negarnos a perdonar, sino aprender la lección del perdón porque si no la aprendemos, tendremos que repetir la materia. Porque si hay algo que hemos aprendido del currículo de Dios, es que Él no regala puntos para que sea más fácil para nosotros aprobar la materia ni «tira una curva» para asignar las calificaciones de Sus alumnos. Entonces, Él hará todo lo que sea necesario para cumplir Su propósito eterno en nosotros, que no es otro que hacernos conformes a la imagen de Su Hijo y eso implica que aprendamos a perdonar como Dios nos ha perdonado.

Por último, regresemos a Mateo 6:9-13. Las palabras «perdónanos» y «perdonamos» que aparecen en este pasaje bíblico provienen del vocablo griego *afiemi* que significa «enviar lejos». La idea entonces es que hemos considerado la ofensa cometida contra nosotros y al perdonar hemos decidido enviarla tan lejos de nosotros como sea posible. Esta idea estaba en la mente del salmista cuando escribió: «Como está de lejos el oriente del occidente, así alejó de nosotros nuestras transgresiones» (Sal. 103:12). Esto es lo que Dios ha hecho y lo que espera que Sus hijos hagamos con aquellos que pecan contra nosotros y nos ofenden. Cuando decidimos perdonar, debemos tomar esa ofensa, enviarla lejos y olvidarla, así como Dios olvidó nuestro pecado al negarse a hablar de él nuevamente porque ya lo perdonó.

Recuerda que dijimos al principio que el Padrenuestro es una oración modelo, pero que también es una oración con varias enseñanzas detrás de las palabras que la forman. Cuando Cristo dijo: «Perdónanos nuestras deudas», nos estaba enseñando cómo orar cuando pecamos. Cuando agregó: «como también nosotros hemos perdonado a nuestros deudores», nos estaba enseñando sobre el carácter misericordioso de Dios que lo lleva a perdonarnos. Y es precisamente la ausencia de misericordia en nosotros y nuestro carácter justiciero lo que nos lleva a no perdonar a los demás. Por tanto, con el Padrenuestro, Cristo nos estaba enseñando que Dios espera que actuemos con los demás como Él actuó con nosotros. La realidad es que el propósito eterno de Dios es hacernos como Él es y Él no va a desistir de Su propósito hasta que lo haya cumplido. Seamos, pues, buenos discípulos y sigamos los pasos del Maestro, perdonando a los demás como Él nos ha perdonado a nosotros.

Capítulo 4

Orando con el Maestro

Por nuestras tentaciones

Ustedes, pues, oren de esta manera: «Padre nuestro que estás en los cielos, santificado sea Tu nombre. Venga Tu reino. Hágase Tu voluntad, así en la tierra como en el cielo. Danos hoy el pan nuestro de cada día. Y perdónanos nuestras deudas, como también nosotros hemos perdonado a nuestros deudores. Y no nos dejes caer en tentación, sino líbranos del mal. Porque Tuyo es el reino y el poder y la gloria para siempre. Amén».
Mateo 6:9-13

Habíamos dicho que después de honrar a Dios en la primera parte del Padrenuestro, la oración que Cristo nos dejó como modelo contiene otras tres peticiones que tienen que ver con nosotros. Específicamente, con nuestra provisión: «Danos hoy el pan nuestro de cada día» (Mat. 6:11); con nuestro perdón: «Y perdónanos nuestras deudas, como también nosotros hemos perdonado a nuestros deudores» (Mat. 6:12); y con nuestra protección: «Y no nos dejes caer en tentación, sino líbranos del mal. Porque Tuyo es el reino y el poder y la gloria para siempre. Amén» (Mat. 6:13). Para llevar el estudio de esta oración modelo a una conclusión, a continuación revisaremos esta última petición del Padrenuestro.

La forma en que se traduce esta petición en la Nueva Biblia de las Américas (NBLA) es bastante comprensible porque en esencia, con esa petición le estamos diciendo a Dios que evite que caigamos en la tentación y que nos libre del mal. Eso tiene mucho sentido sabiendo que incluso Adán y Eva cayeron en la tentación y fueron tentados por el mal personificado por Satanás. En la quinta petición del Padrenuestro, «perdónanos nuestras deudas», estamos pidiendo la intervención de Dios cuando ya hemos pecado para restaurar nuestra relación con Él; pero en la sexta y última petición, «no nos dejes caer en tentación», estamos pidiendo la intervención de Dios antes de que pequemos para que no nos permita caer en la tentación. De manera que, el Padrenuestro tiene una petición para antes de que pequemos (no nos dejes caer en tentación) y una petición para después de que hayamos pecado (perdónanos nuestras deudas).

Esta petición reconoce cuán incapaces somos de permanecer en el camino por nuestra propia voluntad; reconoce nuestra limitada sabiduría; y reconoce los deseos de la carne como una fuente importante de esas tentaciones que vienen de nuestro interior. Podemos ser tentados desde afuera por Satanás y por las ofertas del mundo, frecuentemente utilizadas por el mismo Satanás para tentarnos y hacernos caer. Y podemos ser tentados desde adentro por nuestra propia concupiscencia o deseos carnales de los que habla Santiago 1:13-14, como veremos un poco más adelante.

Los deseos de la carne nos engañan porque producen placer que disfrutamos, como sucede cuando alguien ha decidido ponerse a dieta y después de luchar durante un tiempo termina consumiendo los alimentos que previamente había decidido no consumir. Su deseo lo venció. Así ocurre con las tentaciones carnales que tienen una connotación moral. Para estas tentaciones no necesitamos a Satanás; nuestra propia carne nos seduce. Por eso, Santiago habla de que somos seducidos por nuestra propia pasión. En esos casos, solo Dios puede ayudarnos. Y esa es la petición al final del Padrenuestro.

No nos dejes caer en tentación

Esta última petición reconoce que cuando somos tentados por Satanás, nos enfrentamos a un enemigo invisible que es más poderoso, más sabio y experimentado que nosotros; con más malicia que cualquier ser humano; con más deseos de destruir la familia de Dios que cualquier otro; alguien sin escrúpulos; alguien que disfruta de hacerle daño a los hijos de Dios y alguien que siempre anda al acecho buscando a quien devorar. Para lidiar con un ser de esa calaña, necesitamos la intervención de Dios una y otra vez. Por tanto, esta no es una petición cualquiera. Esta es una petición importante que debería estar en nuestros labios todos los días.

Ahora bien, la frase «no nos dejes caer en tentación» en ocasiones se ha traducido de esta otra manera: «no nos metas en tentación». Así aparece en la Biblia Reina Valera 1960 (RVR1960) y Reina Valera Actualizada (RVA2015), así como en algunas traducciones al inglés como la *English Standard Version* (ESV), *New American Standard Bible* (NASB) y *New King James Version* (NKJV). Si la frase es aceptada así, parecería que Dios podría tentar al hombre a pecar, lo cual es imposible dado el carácter santo, justo y bondadoso de nuestro Dios. De hecho, Santiago dice en su carta:

> «Que nadie diga cuando es tentado: "Soy tentado por Dios; porque Dios no puede ser tentado por el mal y Él mismo no tienta a nadie". Sino que cada uno es tentado cuando es llevado y seducido por su propia pasión» (Sant. 1:13-14).

Por eso hemos dicho en más de una ocasión que la Biblia es su propio intérprete o se interpreta a sí misma. En otras palabras, un pasaje oscuro siempre debe interpretarse a la luz de un pasaje claro. En el caso del Padrenuestro, si leemos una de las traducciones que dice «no nos metas en tentación», esa petición suena un poco oscura porque Dios no tienta a nadie. Pero la oscuridad se aclara con el pasaje de la carta de Santiago que acabamos de citar.

Entonces, si con esta petición no le estamos pidiendo a Dios que no nos meta en tentación porque Dios no es tentador de los hombres, ¿por qué hay dos versiones de la misma frase en el idioma original? ¿Cuál es el significado de esta petición hecha de esta manera? El idioma original nos ayuda a responder esta pregunta porque la palabra traducida como tentación en el Padrenuestro es la palabra griega *peirasmos*, un vocablo que tiene dos significados distintos. En un caso, la palabra significa «tentación» y en el otro, simplemente significa «una prueba que determina la validez de algo»; en nuestro caso, la validez de nuestra fe. Por lo tanto, la palabra a la que nos referimos a veces se traduce como tentación, pero otras veces se traduce como prueba.

De modo que, la frase «no nos metas en tentación» también podría traducirse como «no nos metas en pruebas». Por eso algunas traducciones como la Nueva Biblia de las Américas (NBLA) han preferido traducir esta petición de la siguiente manera: «Y no nos dejes caer en tentación, sino líbranos del mal» (Mat. 6:13). Y así es como la vamos a abordar en adelante. En ese sentido, veamos cómo esta petición, vista así, puede ser también real y por qué esa es una petición que los hijos de Dios deberían considerar hacer.

Recuerda que la palabra *peirasmos* puede traducirse como «tentación» o como «prueba», y ciertamente Dios en ocasiones ha conducido a Sus hijos a una prueba no para que pequemos, sino para fortalecer nuestra fe. Mateo 4:1 nos dice que Jesús fue llevado al desierto por el Espíritu Santo para ser tentado, pero es obvio que Dios no lo estaba llevando allí para que pecara, sino para que triunfara sobre la tentación a favor nuestro. Más bien, esta fue una prueba para que el Hijo de Dios demostrara quién era y quién es… y lo hizo.

Por otro lado, el Evangelio de Lucas relata cómo Dios permitió que Pedro pasara por una prueba en la madrugada del día de la crucifixión de nuestro Señor Jesucristo. En Lucas 22 leemos que Jesús inicia un diálogo con Pedro de la siguiente manera: «Simón, Simón, mira que Satanás los ha reclamado a ustedes para zarandearlos como a trigo» (Luc. 22:31). Y «Pedro le respondió: "Aunque todos se aparten por causa de Ti, yo nunca me apartaré". Jesús le dijo: "En verdad te digo que esta misma noche, antes que el gallo cante, me negarás tres veces"» (Mat. 26:33-34). Un par de horas después, estando en Getsemaní, «vino Jesús a los discípulos y los halló durmiendo, y dijo a Pedro: "¿Conque no pudieron velar una hora junto a Mí? Velen y oren para que no entren en tentación; el espíritu está dispuesto, pero la carne es débil"» (Mat. 26:40-41).

Presta atención a las palabras del Señor Jesús a Pedro: «Velen y oren para que no entren en tentación». En otras palabras: «Pedro, ora para que no tengas que pasar por ella; para que Dios te la evite». De ahí que algunos han pensado que la frase «no nos metas en tentación» quizás tenga que ver con pedirle a Dios que nos libre de tener que pasar por tentaciones como la que tuvo que pasar Pedro para descubrir que su fe no era lo que pensaba que era. La verdad es que todos vivimos engañados con lo que creemos ser y muchas veces no vemos nuestras propias debilidades por lo que Dios tiene que poner a prueba nuestra fe para que podamos crecer y aprender algo. Todo ser humano se cree más recto de lo que es; más justo; más humilde; más íntegro; más perdonador; más sabio; más conocedor de la Palabra; mejor entendedor y más capaz que el otro.

Lamentablemente, a pesar de la advertencia que Cristo le hizo, en ese momento Pedro no oró, sino que se quedó dormido. Y de ahí las palabras de Jesús: «oren para que no entren en tentación». La oración nos fortalece y nos prepara espiritualmente para lo que viene. El Padrenuestro nos enseña a depender absolutamente de Dios al pedirle:

1. Que nos ayude a santificar Su nombre.
2. Que Su reino venga y se expanda.
3. Que nos ayude a hacer Su voluntad.
4. Que nos dé el pan o la provisión diaria de alimento.
5. Que nos perdone luego de pecar.
6. Y, finalmente, que podamos vivir de tal manera que el Padre no tenga que hacernos pasar por una prueba como la de Pedro para probar nuestra debilidad de carácter.

Necesitamos no solo que Dios nos evite la tentación y la prueba, sino también que no nos deje caer en la tentación y nos libre del mal. La buena noticia es que dada la condición pecaminosa en que aún nos encontramos a pesar de haber sido regenerados, Dios Padre ha provisto a Su Hijo, Su Espíritu Santo y Su Palabra para que podamos caminar bien.

La tentación de Jesús y la prueba de Pedro

No hay duda de que el lenguaje de los Evangelios Sinópticos nos permite ver que quien conduce a Jesús al desierto es Dios Padre a través del Espíritu Santo. Pero una vez en el desierto, no es Dios quien lo tienta, sino Satanás. Dios permitió la tentación de Jesús por la misma razón que permitió la tentación de Pedro: poner en evidencia quién era Pedro y quién era Jesús. Cuando Pedro no pasó la prueba, quedó claro no solo quién era, sino también su sentido de autosuficiencia.

En la noche del juicio de Jesús, Pedro se convirtió en el representante de la debilidad de la raza humana que es incapaz de vivir victoriosamente desconectada de Dios. Esa noche Pedro aprendió, por un lado, la necesidad que tenía de depender de Dios para triunfar, y por otro lado, la lección de que no debió quedarse dormido mientras Jesús oraba en el huerto de Getsemaní, sino que debió permanecer orando para no caer en tentación.

La experiencia de Pedro nos ayuda a comprender por qué Jesús incluyó al final del Padrenuestro la petición «no nos dejes caer en tentación». Esta es la manera de pedirle a Dios que nos libre de tener que pasar por una prueba como la que pasó Pedro o de confiar en nuestra propia suficiencia para vivir la vida cristiana. Entonces, quizás el Señor no tenga que permitir que entremos en una tentación que exponga nuestra autosuficiencia para que finalmente podamos aprender lo que es la dependencia del Espíritu.

Es claro que las pruebas vienen de Dios con la única intención de fortalecer nuestra fe, mientras que las tentaciones vienen de Satanás con el único propósito de destruirnos. Las tentaciones de Satanás con sus respectivas caídas nos destruyen; pero las pruebas de Dios nos purifican, incluso si tropezamos al atravesarlas. Esto tiene sentido porque la prueba por la que Dios hizo pasar a Pedro no tenía la intención de dañarlo, sino de fortalecerlo. Nota que Dios orquestó esa experiencia para Pedro, pero antes de hacerlo pasar por ella, Cristo le comunicó que Satanás le había pedido permiso a Dios para zarandearlo y que Él mismo había intercedido por él para que su fe no fallara; para que, una vez vuelto, Pedro fortaleciera a sus hermanos (Luc. 22:32).

En otras palabras, Jesús le dijo a Pedro: «Quiero que sepas lo que viene y quiero que estés preparado». Su intención era que Pedro conociera más de sí mismo y de su necesidad de depender absolutamente de Dios. Y después de la prueba, Pedro terminó siendo más consciente de su naturaleza pecaminosa, más maduro, más humilde, menos confiado en sí mismo y más dispuesto a descansar en el poder de Dios. Cuando Dios nos prueba, no nos engaña; más bien nos pone sobre aviso como lo hizo Jesús con Pedro, a quien le pidió que orara para que no entrara en tentación y a quien le dijo de antemano lo que sucedería. En cambio, Satanás habría hecho lo contrario: lo habría sorprendido de repente con algo que Pedro no esperaba.

No olvides que las tentaciones vienen de Satanás; pero las pruebas vienen de Dios para buenos propósitos. Por eso Santiago dice en su carta:

> «Tengan por sumo gozo, hermanos míos, cuando se hallen en diversas pruebas, sabiendo que la prueba de su fe produce paciencia, y que la paciencia tenga su perfecto resultado, para que sean perfectos y completos, sin que nada les falte» (Sant. 1:2-4).

En este pasaje, la palabra «prueba» es la misma que aparece en el Padrenuestro, *peirasmos*, que unas veces se traduce como tentación y otras como prueba. El diseño y la intención de las pruebas de nuestro Dios es que lleguemos a ser perfectos y completos, sin que nos falte nada, como bien dice Santiago, a diferencia de las tentaciones de Satanás que solo buscan nuestra destrucción.

Líbranos del mal

Volvamos ahora a Mateo 6:13 y veamos la segunda parte de la última petición del Padrenuestro: «Y no nos dejes caer en tentación, sino *líbranos del mal*» (Mat. 6:13, cursivas añadidas). En esta última frase, «líbranos» está en la forma verbal imperativa, lo que implica una orden. Obviamente, no tenemos derecho a dar órdenes a Dios, pero esta forma verbal nos deja ver el sentido de urgencia que tiene esta petición. La palabra griega traducida como «líbranos» es *rhuomai* que significa «ser rescatado de una situación peligrosa».

La realidad es que deberíamos hacer esta petición continuamente porque continuamente necesitamos ser rescatados de circunstancias peligrosas que son invisibles a nuestros ojos. Somos altamente vulnerables a las tentaciones, tanto las que provienen de nuestro interior como las que provienen del mundo exterior. Y cuando las tentaciones que provienen de nosotros mismos se combinan con las ofertas del mundo, nos hacen caer. Pues resulta que, dada la apariencia atractiva de la tentación, no nos molestan las tentaciones; de hecho, muchas veces incluso las disfrutamos y por eso coqueteamos con el pecado. Porque lo que nos molesta no son las tentaciones, sino las consecuencias que cosechamos una vez que hemos sido hechos prisioneros de la tentación.

El maligno aprovecha el momento en que tenemos ciertos deseos para presentarnos cómo podemos satisfacer esos deseos. Es esa combinación la que le da a la tentación su poder seductor. Por eso Satanás se le apareció a Cristo en el desierto cuando tenía hambre y lo tentó a convertir las piedras en pan. La tentación, por diseño, es engañosa y viene encubierta, con cierta apariencia de benignidad, de ser inofensiva hasta que la mordemos y probamos su veneno.

Jesús no concluyó la oración del Padrenuestro sin mencionar algo que necesitamos: ser librados del mal. El mal existe dentro y fuera de nosotros. Por eso, en su libro *The Lord's Prayer*, A. W. Pink comenta: «"Pero líbranos del mal". No podemos estar de acuerdo con aquellos que restringen la aplicación de la palabra mal aquí solo al diablo, aunque indudablemente se refiere principalmente a él. El griego puede, con igual propiedad, ser traducido como "el malo" o como "la cosa mala"; de hecho, se traduce en ambos sentidos». Dado lo anterior, inmediatamente después, Pink añade: «Que a nosotros "se nos enseña a orar por la liberación de todo tipo, grado y ocasión de maldad; de la malicia, poder y sutileza de los poderes de las tinieblas de este mundo malvado y de todas sus seducciones, acechanzas, estados de la mente y engaños; de la maldad de nuestros propios corazones, para que pueda ser refrenada, subyugada y finalmente extirpada, y del mal del sufrimiento..." (Thomas Scott). Esta petición, pues, expresa el deseo de ser librados de todo lo que es realmente perjudicial para nosotros, y especialmente del pecado, que no tiene nada de bueno».[17]

Esta última petición en el Padrenuestro, «líbranos del mal», puede ser muy breve, pero es de capital importancia si tenemos en cuenta que cuando Satanás logra influir en nosotros, lo hace a través de nuestra carne, que es malvada, y a través del mundo que está corrompido. En cierto modo, esta es una oración para que Dios nos libre de todos nuestros enemigos espirituales, y eso incluye nuestra carne. Recuerda que nuestro mayor problema, nuestro peor enemigo, no está afuera, está dentro de nosotros y convivimos con él. Con esto en mente, queremos parafrasear algo que dice A. W. Pink en su libro sobre el Padrenuestro. En esencia, Pink dice que de este lado de la eternidad todavía estamos bajo la influencia de la maldad de este mundo, de Satanás y de nuestra propia carne. El enemigo ya no nos posee, pero es capaz de incitar nuestros deseos, de robarnos la paz, e incluso es capaz de provocar la persecución de los hijos de Dios.[18] Por eso tenemos que orar, líbranos del mal.

No olvidemos que:

- Satanás logró incitar los deseos de Eva haciéndola creer todo el bien que le traería probar la fruta prohibida.
- Satanás logró perturbar la paz de Job hasta el punto de llevarlo a sentirse orgulloso de su integridad.

---

[17] A. W. Pink, Faithful Classic, *The Lord's Prayer*, versión Kindle, Loc. 562-578 de 8329.
[18] Ibid.

- Satanás logró incitar a la esposa de Job para que motivara a Job a maldecir a Dios.
- Satanás logró acosar a nuestro Señor Jesucristo en el desierto, aunque no logró hacerlo caer.
- Satanás llenó el corazón de Ananías y Safira para que le mintieran al Espíritu Santo.

Satanás puede hacernos todo esto y mucho más. Para ilustrar, consideremos algunos pasajes de las Escrituras:

- 2 Corintios 2:11 nos enseña que Satanás puede aprovecharse de nosotros y por lo tanto no podemos ignorar sus artimañas.
- 2 Corintios 11:14 dice que Satanás es capaz de disfrazarse de ángel de luz y si Dios no interviene a nuestro favor, fácilmente compraríamos tinieblas por luz.
- 2 Corintios 12:7 revela que el apóstol Pablo era atormentado continuamente por un mensajero de Satanás.
- 1 Tesalonicenses 2:18 dice que Satanás impidió que Pablo visitara a los tesalonicenses al menos en una ocasión.

Entonces, cuando decimos líbranos del mal, estamos pidiendo contra todas estas acciones que hemos mencionado y muchas cosas más que Satanás es capaz de hacer contra nosotros y que no podemos saber, percibir, predecir, discernir o incluso evitar. Solo Dios puede hacer eso y por eso le pedimos: ¡líbranos del mal!

Muchas veces hemos pronunciado esta frase y no nos hemos percatado de lo mucho que estamos pidiendo con tan solo tres palabras. Cristo mismo pidió algo similar para nosotros en el aposento alto horas antes de Su crucifixión cuando oró a Dios Padre por Sus discípulos, diciendo: «No te pido que los quites del mundo, sino que los protejas del maligno» (Juan 17:15, NTV).

Reflexión final

La oración que hemos ido examinando a lo largo de este breve estudio sobre la oración del Maestro comienza con la expresión «Padre nuestro». En otras palabras, no debemos olvidar que es a nuestro Padre celestial a quien le estamos pidiendo que nos proteja de lo que nos seduce. Él es quien sabe hasta dónde podemos resistir; Él es quien nos abre la puerta de escape; y Él está por nosotros, no contra nosotros. Nuestro Padre ve cómo la tentación aumenta en intensidad a medida que gana terreno porque parte de la anatomía de la tentación es que es escalonada y progresiva. El primer acercamiento es sutil, periférico, con poca intensidad. Si la tentación logra evadir la conciencia, ya está más cerca de nuestros deseos y eventualmente nos hará creer que esos deseos son necesidades legítimas.

El maligno, que juega sucio y no tiene escrúpulos, guarda su última carta para el final y cuando hemos caído en su trampa nos deja ver cuán decepcionante es la tentación porque nunca cumple lo que promete. El placer que nos da la tentación es efímero; nos oculta las consecuencias y no nos deja ver que cuanto más nos adentramos en ella, más nos alejamos de Dios y menos libertad tenemos. Nota cómo el apóstol Pedro explica esto en su segunda carta: «...uno es esclavo de aquello que lo ha vencido» (2 Ped. 2:19b). ¿Has sido vencido alguna vez? ¿Te has sentido esclavo de aquello que te venció? ¡Por supuesto! Porque uno es esclavo de lo que lo ha vencido. Pero Satanás no nos deja ver nada de eso antes. Por esto y muchas otras cosas, necesitamos pedirle a Dios que nos libre del mal.

La buena noticia es que Dios hace lo contrario del maligno e incluso trata de prepararnos para las pruebas que vienen de Él y para las tentaciones que vienen de Satanás, como ya hemos dicho. El apóstol Pablo era consciente no solo de esto, sino también de la bondad de Dios que siempre guarda a Sus hijos de la tentación, por eso cuando escribe a los corintios les dice:

> «No les ha sobrevenido ninguna tentación que no sea común a los hombres. Fiel es Dios, que no permitirá que ustedes sean

tentados más allá de lo que pueden soportar, sino que con la tentación proveerá también la vía de escape, a fin de que puedan resistirla» (1 Cor. 10:13).

Nota cómo el texto dice que cuando Dios permite que nos vengan tentaciones, serán tentaciones que podremos soportar, pero en ocasiones la tentación puede ser mayor que nuestras fuerzas y en esos casos la Palabra dice que Dios nos abre una puerta por donde podemos escapar. De modo que, todo cristiano que ha caído ha sido desobediente al ver la puerta y no querer salir por ella.

Una vez más, Dios no nos tienta, pero como Él es soberano, no hay duda de que cada tentación que ha llegado a nuestra vida ha sido permitida por Dios. La pregunta sería entonces, ¿de qué sirven las tentaciones para nuestra vida? Bueno, las tentaciones sirven para convencernos de la necesidad de caminar dependiendo del Espíritu; ayudarnos a ver que no podemos vivir confiando en nuestra propia sabiduría; formar nuestro carácter a la imagen de Cristo; y promover el deseo y la necesidad de oración en nuestra vida.

Dios quiere y está dispuesto a librarnos del mal, pero entiende que hay una parte que tenemos que hacer y es:

- Orar para no caer en tentación como le sucedió a Pedro.
- Mortificar, golpear o disciplinar la carne, como Pablo nos enseña en 1 Corintios 9:27.
- Huir de la tentación, como Pablo instruye a Timoteo en 2 Timoteo 2:22.
- Resistir al diablo para que huya de nosotros como nos enseña Santiago 4:7.
- No amar al mundo ni las cosas que hay en él como lo ordena 1 Juan 2:15.
- Llenarnos del Espíritu para que el Espíritu nos ayude a vaciarnos de nuestra propia maldad y deseos pecaminosos. Mientras más llenos del Espíritu seamos, más poder tendremos para vencer las tentaciones y los malos deseos.

Tuyo es el reino y el poder y la gloria para siempre

Ahora bien, Dios quiere que vivamos confiados en Él por las razones expresadas al final de la oración del Padrenuestro. Jesús concluyó esta oración con las siguientes palabras: «Porque Tuyo es el reino y el poder y la gloria para siempre. Amén» (Mat. 6:13b). Aquí hay tres verdades importantes a tener en cuenta:

1. ***Suyo es el reino;*** por eso oramos: «Venga Tu reino». La persona que nos engendró y que hoy es nuestro Padre, es el dueño y Señor del reino y le ha placido hacernos coherederos de ese reino junto con Cristo. Dios creó el reino para Su Hijo y cuando ese reino se perdió, Su Hijo lo rescató para compartirlo con nosotros.
2. ***Suyo es el poder*** para hacer lo que a Él le place; por eso decimos: «Hágase Tu voluntad». Y ese poder ahora mora y obra poderosamente en nosotros. Por Su poder nos dio vida; por Su poder somos santificados; por Su poder somos preservados; por Su poder somos glorificados; y por Su poder triunfaremos. Dios usó Su poder para hacernos parte de Su reino para la gloria de Su nombre. La pregunta no es si triunfaremos; ya hemos triunfado porque cuando Cristo triunfó, nosotros triunfamos. Más bien, la pregunta es si viviremos triunfantes en el poder de Su Espíritu para la extensión de Su reino y la proclamación de Su gloria.
3. ***Suya es la gloria.*** Dios nos salvó para Su gloria y no dejará que nos perdamos porque es Su gloria la que está en juego.

En conclusión, la intención de la oración del Padrenuestro es aquietar a los hijos de Dios. Recuerda que la oración comienza reconociendo que Dios es nuestro Padre. Él nos creó. Cuando estábamos perdidos, salió a buscarnos. Cuando perdimos la vida a causa del pecado, nos la devolvió en Cristo. Cuando el pecado nos dañó, pagó nuestra deuda, nos perdonó y nos regeneró. Cuando vagábamos por el mundo, nos adoptó, nos dio Su nombre, nos hizo ciudadanos de Su reino y nos reveló Su voluntad. Él está por nosotros y no contra nosotros. Él es nuestro triunfo. Nos libra de la tentación y lo hace en Cristo.

Por tanto, proclamémoslo, exaltémoslo, bendigámoslo, obedezcámoslo, reflejémoslo, adorémoslo y glorifiquémoslo todos los días y con cada respiro. Confiemos plenamente en Aquel que nos dice:

> «No temas, porque Yo te he redimido, te he llamado por tu nombre; Mío eres tú. Cuando pases por las aguas, Yo estaré contigo, y si por los ríos, no te cubrirán. Cuando pases por el fuego, no te quemarás, ni la llama te abrasará. Porque Yo soy el Señor tu Dios, el Santo de Israel, tu Salvador» (Isaías 43:1b-3a).

A Él sea la gloria por siempre. Amén.

Capítulo 5

Orando con David

Con un corazón arrepentido

Ten piedad de mí, oh Dios, conforme a Tu misericordia; conforme a lo inmenso de Tu compasión, borra mis transgresiones. Lávame por completo de mi maldad, y límpiame de mi pecado. Porque yo reconozco mis transgresiones, y mi pecado está siempre delante de mí. Contra Ti, contra Ti solo he pecado, y he hecho lo malo delante de Tus ojos, de manera que eres justo cuando hablas, y sin reproche cuando juzgas. Yo nací en iniquidad, y en pecado me concibió mi madre. Tú deseas la verdad en lo más íntimo, y en lo secreto me harás conocer sabiduría.

Salmo 51:1-6

En el capítulo anterior vimos que en el Padrenuestro hay una petición final donde le pedimos a Dios que no nos deje car en la tentación y que nos libre del mal. Sin embargo, a pesar de las vías de escape que Dios nos provee fielmente para escapar de la tentación, dada la pecaminosidad del hombre con frecuencia terminamos pecando de todas maneras. Cuando esto sucede, necesitamos saber cómo acercamos a Dios en arrepentimiento una vez que hemos transgredido Su ley.

La Palabra de Dios revela que el pecado nos aleja de Dios, hace mucho menos efectiva nuestra oración y nos roba el gozo que ya nos ha dado la salvación. Muchas personas, después de pecar, han confesado que no estaban seguras de si Dios escucharía sus oraciones o las perdonaría. Esto se debe a que, con el tiempo, el pecado nos hace sentir miserables y desmerecedores de cualquier bien de Dios; lo cual es cierto porque todo lo que recibimos, lo recibimos por pura gracia.

Saber cómo orar por arrepentimiento es importante porque, como hemos señalado en otras ocasiones, incluso el gran teólogo Jonathan Edwards llegó a decir que pecamos tan fácilmente que a menudo oramos y pecamos al orar; nos arrepentimos y pecamos al arrepentirnos. Eso es verdad de cada uno de nosotros. Y si esto es verdad, y creo que lo es, entonces necesitamos aprender a expresar nuestro arrepentimiento en oración para encontrar el perdón de Dios.

Orar con un corazón arrepentido es importante porque Dios ha revelado en Su Palabra que Él no rechazará a quienes vienen a Él con un corazón contrito y humillado. Y para hablar sobre este tema no hay mejor pasaje de la Escritura que el Salmo 51, un salmo cuyo encabezado en hebreo dice así: «David se había apartado de Dios cuando se llegó a Betsabé, pero Dios se acercó a él cuando Natán fue a él»[19]. Esto nos da una idea de la ocasión en que fue escrito este salmo.

Juan Calvino, en su comentario sobre el Salmo 51, dice que «es asombroso que un hombre dotado de forma tan extraordinaria por parte del Espíritu haya continuado en un estado de indolencia espiritual por casi un año. Nada más que una influencia satánica podría explicar tal estupor de conciencia. Sin embargo, también es chocante el ejemplo de misericordia divina al enviar Dios al profeta Natán para restaurar a David. Por otro lado, no hay razón para pensar que, durante esos meses de alejamiento, él haya dejado de involucrarse en sacrificios de adoración o que su fe se haya ido extinguiendo totalmente en su corazón; sino que más bien vestigios de gracia le permitieron continuar laborando bajo una insensibilidad letal».[20]

Lo que Calvino estaba diciendo es que es posible continuar con nuestras prácticas religiosas mientras nuestra conciencia permanece

---

[19] Ver Psalm 51 en *The Hebrew Bible*, vol. 3, *The Writings, A Translation with Commentary*, Robert Alter (Nueva York: W.W. Norton & Company, 2019), pág. 132.

[20] John Calvin, *Commentary on the Psalms, Psalm 51*, version en línea: https://ccel.org/ccel/calvin/calcom09/calcom09.xvii.html

insensible a medida que practicamos el pecado. En pocas palabras, lo que le pasó a David puede pasarnos a cualquiera de nosotros. A su vez, Calvino añade que «debiéramos temblar al considerar que un hombre tan excelente pudiera caer en tal condición».

Ahora, para aquellos que están menos familiarizados con la historia bíblica y quizás se pregunten qué fue lo que hizo David que se consideró tan grave, permítanme resumir brevemente la historia:

El rey David cometió adulterio con Betsabé, la esposa de Urías el hitita, uno de los valientes de David, y ella quedó embarazada. Cuando David se enteró de las consecuencias de su adulterio, mandó traer a Urías del campo de batalla, lo invitó a cenar, lo emborrachó y lo animó a dormir con su esposa para que pareciera que el bebé era suyo. Pero Urías se negó a hacerlo mientras sus hombres corrían peligro en el campo de batalla. Entonces David elaboró un plan para que Urías muriera en batalla, escribió el plan en una carta y envió la carta al comandante con el mismo Urías que terminaría muerto. Con esto, David continuó hundiéndose en su pecado.

Finalmente, Urías muere en batalla como resultado del plan de David, por lo que Joab envía un mensajero a David para informarle que Urías había muerto. David recibe la noticia y la Palabra dice que: «Entonces David dijo al mensajero: "Así dirás a Joab: 'No tengas pesar por esto, porque la espada devora tanto a uno como al otro'"» (2 Sam. 11:25). David actuó como si nada fuera de lo común hubiera sucedido. Manejó con cinismo la noticia de la muerte de Urías, de la que él era cien por ciento responsable.

Más tarde, Dios envió al profeta Natán para confrontar a David y él se arrepintió de lo que había hecho y dijo a Natán: «He pecado contra el Señor» (2 Sam. 12:13a). Se considera que tanto el Salmo 51 como el Salmo 32 fueron escritos por David después de su arrepentimiento tras la represión de Natán.

Después de este breve relato histórico del infame pecado de David, veamos el Salmo 51 en contexto, aunque en este capítulo solo cubriremos los primeros cinco versículos de ese salmo. Así luce la oración de un pecador arrepentido:

«Ten piedad de mí, oh Dios, conforme a Tu misericordia;
Conforme a lo inmenso de Tu compasión, borra mis transgresiones.
Lávame por completo de mi maldad,
Y límpiame de mi pecado.
Porque yo reconozco mis transgresiones,
Y mi pecado está siempre delante de mí.
Contra Ti, contra Ti solo he pecado,
Y he hecho lo malo delante de Tus ojos,
De manera que eres justo cuando hablas,
Y sin reproche cuando juzgas.
Yo nací en iniquidad,
Y en pecado me concibió mi madre.
Tú deseas la verdad en lo más íntimo,
Y en lo secreto me harás conocer sabiduría.
Purifícame con hisopo, y seré limpio;
Lávame, y seré más blanco que la nieve.
Hazme oír gozo y alegría,
Haz que se regocijen los huesos que has quebrantado.
Esconde Tu rostro de mis pecados,
Y borra todas mis iniquidades.
ºCrea en mí, oh Dios, un corazón limpio,
Y renueva un espíritu recto dentro de mí.
No me eches de Tu presencia,
Y no quites de mí Tu Santo Espíritu.
Restitúyeme el gozo de Tu salvación,
Y sostenme con un espíritu de poder.
Entonces enseñaré a los transgresores Tus caminos,
Y los pecadores se convertirán a Ti.
Líbrame de delitos de sangre, oh Dios, Dios de mi salvación,
Entonces mi lengua cantará con gozo Tu justicia.
Abre mis labios, oh Señor,
Para que mi boca anuncie Tu alabanza.

> Porque Tú no te deleitas en sacrificio, de lo contrario yo lo ofrecería;
> No te agrada el holocausto.
> Los sacrificios de Dios son el espíritu contrito;
> Al corazón contrito y humillado, oh Dios, no despreciarás.
> Haz bien con Tu benevolencia a Sión;
> Edifica los muros de Jerusalén.
> Entonces te agradarán los sacrificios de justicia,
> El holocausto y el sacrificio perfecto;
> Entonces se ofrecerán novillos sobre Tu altar».

El Salmo 51 es uno de los siete salmos penitenciales (o de arrepentimiento) que aparecen en el salterio y este grupo de salmos forma parte de un conjunto más amplio conocido como salmos de lamento personal. Los demás salmos penitenciales son el 6, el 32, el 38, el 102, el 130 y el 143.

El salmista, como dice uno de los comentarios sobre este salmo, deja ver que él «es consciente de su propia miseria, reconoce su condición de maldad y acepta la gravedad de su culpa, pues ha roto la alianza o el pacto con Dios (v. 4)».[21]

Si lees atentamente el salmo, te darás cuenta de que esta oración es la expresión del corazón de un hombre que se sentía abrumado por su pecado. Este salmo revela la miseria humana, la condición desesperada de quien ha pecado y ha descubierto la profundidad de su pecado después de que su conciencia ha despertado de la anestesia producida por el placer del pecado.

Al mismo tiempo, este salmo revela lo infinito de la misericordia de Dios, capaz de perdonar el más grande de los pecados cuando es llevado a Su presencia con un corazón contrito y humillado.

---

[21] Dr. Samuel Pagán, *De lo profundo, Señor, a Ti clamo* (Miami: Editorial Patmos, 2007), pág. 336.

CÓMO ORA UN CORAZÓN ARREPENTIDO

1. Un corazón arrepentido apela al carácter bondadoso de Dios, reconociendo que no es digno de ningún mérito o favor de Dios.

Por eso David escribió:

> «Ten piedad de mí, oh Dios, conforme a Tu misericordia; conforme a lo inmenso de Tu compasión, borra mis transgresiones. Lávame por completo de mi maldad, y límpiame de mi pecado» (Sal. 51:1-2).

Este es el clamor profundo de un hombre que sabe que ha ofendido grandemente a Dios. David era consciente de que había cometido dos pecados que según la ley de Dios conllevaban la pena de muerte: era culpable de adulterio y era culpable de asesinato. La ley de Dios no proveía perdón para ninguno de estos dos pecados; más bien, la muerte. David sabía que eso era lo que merecía y si Dios hubiera decretado tal consecuencia, en este punto, David hubiera reconocido el veredicto como bueno y válido como veremos más adelante. Por eso David apela única y exclusivamente a la misericordia de Dios, porque la misericordia implica conceder perdón a quien no lo merece. El salmista sabe que lo que ha cometido no es un pecado cualquiera.

La frase «lo inmenso de Tu compasión» se refiere literalmente a la multitud de Sus compasiones, mientras que la palabra compasión nos permite ver que Dios siente dolor por el daño que nos infligimos a nosotros mismos. A pesar de todo lo que se dice sobre el Dios «cruel» del Antiguo Testamento, la realidad es completamente diferente. Si hay algo que el Antiguo Testamento revela con muchos matices es la misericordia y la paciencia de Dios para con los pecadores. La vida misma de David es una evidencia de lo misericordioso que es Dios y David lo sabía.

En los versos de este salmo podemos ver que David aprendió que el pecado corrompe la vida del creyente, ensucia la conciencia, ensucia el nombre de Dios y trae una mancha al pueblo de Dios. Por eso oró con estas palabras:

> «Lávame por completo de mi maldad, y límpiame de mi pecado» (Sal. 51:2).

Metafóricamente hablando, podríamos decir que la misericordia de Dios llega hasta el cielo, y de la misma manera, metafóricamente hablando, podríamos decir que el pecado llega hasta el infierno. No es casualidad que el pecado esté relacionado con la oscuridad y las tinieblas.

2. Un corazón arrepentido reconoce su pecado sin culpar a nadie más.

Por eso el salmista escribió:

> «Porque yo reconozco mis transgresiones, y mi pecado está siempre delante de mí» (Sal. 51:3).

La frase «yo reconozco mis transgresiones» es importante porque con ella David revela que no busca a nadie más a quien culpar sino a sí mismo. David no hizo lo que hizo Adán, quien culpó a Eva y, de hecho, culpó a Dios al referirse a Eva como «la mujer que Tú me diste». David tampoco hizo lo que hizo Eva, quien culpó a la serpiente.

Cuando vamos a Dios para confesar nuestros pecados y tratamos de apelar a circunstancias atenuantes diciendo: «Sé que he pecado, pero si no hubiera sido por...», ya estamos empezando mal. Cualesquiera que sean las circunstancia que contribuyeron a nuestro pecado, no disminuyen nuestra culpa ni la profundidad de nuestro pecado. Solo hay una manera de acercarnos a Dios cuando pecamos y es apelando a Su misericordia.

Al permanecer en silencio acerca de su pecado, David no tenía paz, por lo que dijo: «Mi pecado está siempre delante de mí» (v.3b). En otras palabras: «Me acuesto y mi pecado está ahí; me despierto y lo primero que me viene a la mente es mi pecado». Tal vez David estaba tratando de cantar salmos, pero lo primero que le venía a la mente era su pecado. Y así fue hasta que Dios lo perdonó y David fue liberado de su prisión.

Muchas veces, pedimos perdón y seguimos sintiéndonos culpables porque realmente no nos hemos arrepentido como lo hizo David. Cuando Dios iluminó la conciencia de David, él vio la inmundicia de su pecado, tal como lo hizo el profeta Isaías cuando vio a Dios en toda Su santidad y exclamó: «¡Ay de mí que soy muerto!» (Isa. 6:5).

La idea nunca es tratar de olvidar el pecado que hemos cometido o adormecer nuestra conciencia para no pensar en él, sino más bien afrontarlo. En los primeros tres versículos del Salmo 51, David se refiere a su pecado usando tres palabras diferentes. En el versículo uno, David usa la expresión **«mis transgresiones».** Con la palabra transgresión, David revela que es consciente de que el pecado significa la violación de un límite impuesto por la ley de Dios. Podemos transgredir ese límite mediante pensamiento, palabra, acción u omisión. Decía el teólogo reformado Augustus Hopkins Strong (Siglo xix-xx) que «el pecado es la falta de conformidad a la ley moral de Dios, ya sea por hecho, disposición o estado».[22]

Todo aquel que peca, traspasa un límite. Por eso, Santiago 2:11 habla de que somos «transgresores de la ley». Asimismo, 1 Juan 3:4 afirma que «todo el que practica el pecado, practica también la infracción de la ley, pues el pecado es infracción de la ley».

En el versículo dos, el salmista alude a su pecado usando la frase **«mi maldad».** Con la palabra maldad, David revela que entiende la perversidad de su pecado. Y así es exactamente. El pecado es perverso ante Dios.

Por último, tanto en el versículo dos como en el tres, David habla de **«mi pecado»**, y la palabra pecado implica no alcanzar lo que Dios requiere, que es la perfección moral.

David usa la palabra pecado como sinónimo de maldad.

---

[22] Augustus Hopkins Strong, *Systematic Theology* (Philadelphia: American Baptist Publication Society, 1907) pág. 549.

El pecado es tan perverso que para perdonarlo se requirió una acción excesivamente violenta: la crucifixión del Hijo de Dios. Jesús fue desnudado, azotado, escupido, ridiculizado y finalmente clavado en un madero ante los ojos de un mundo que observaba.

La paga del pecado es tan horrible porque el pecado es igualmente horrible.

Solo la misericordia de Dios puede sacar al pecador de su miseria.

Las expresiones que utiliza el salmista, «mis transgresiones, mi maldad, mi pecado», nos muestran que David asumió la responsabilidad de lo que había hecho. Por otro lado, David asume la responsabilidad y reconoce que este pecado está sobre sus hombros y sobre los de nadie más, cuando afirma: «Contra Ti, contra Ti solo he pecado, y he hecho lo malo delante de Tus ojos» (Sal. 51:4).

3. El corazón arrepentido reconoce que ha ofendido a Dios de manera terrible y reconoce que sin importar las consecuencias que Dios le imponga, Dios es justo en Sus juicios.

Por eso David escribió:

> «Contra Ti, contra Ti solo he pecado, y he hecho lo malo delante de Tus ojos, de manera que eres justo cuando hablas, y sin reproche cuando juzgas» (Sal. 51:4-5).

David sabe que ha cruzado una línea que nunca debió cruzar. En ese sentido, pecó judicialmente contra el Dador de la ley.

Pero David comprendió que también había pecado contra la ley del amor. Digo esto porque Cristo resumió toda la ley en dos mandamientos: amar a Dios y amar al prójimo. Cuando David actuó como lo hizo:

- No amó a Dios a quien deshonró.
- No amó a Urías a quién mató.
- No amó a Betsabé a quien enviudó.
- No amó a sus hijos a quienes dañó.
- No amó a la nación de Israel a quien debilitó.

El reino de Israel comenzó a debilitarse desde ese momento hasta quedar dividido en dos y luego tanto el reino del norte como el reino del sur terminaron en el exilio.

David pecó contra todos ellos. Pero en el sentido más estricto de la palabra, David pecó básicamente contra Dios, porque:

- El pecado existe porque hay una ley que violamos y la ley existe porque hay un Dador de la ley.
- Ese Dador nos impartió Su ley porque todo lo que no se ajusta a Su estándar termina en destrucción.
- La ley existe por el amor del Creador por Sus criaturas porque la ley fue dada para la protección y preservación de aquellos que están regulados por la ley.

Sin las leyes de tránsito, el número de muertos por accidentes sería inmenso cada día. Y lo mismo sucede con muchas otras leyes.

Los seres humanos se quejan de la ley de Dios porque no son conscientes de que su placer temporal trae consigo la destrucción total, como fue el caso de David. El hijo de David y Betsabé murió y la familia de David sufrió mucho como resultado del pecado de David. Pero David no se quejó de las consecuencias. Sabía que su pecado merecía la muerte dos veces bajo la ley de Moisés: muerte por adulterio y muerte por asesinato. Por eso David añade en la segunda mitad del versículo cuatro del Salmo 51: «De manera que eres justo cuando hablas, y sin reproche cuando juzgas». En este salmo, David afirma lo que había escrito en el Salmo 19:9: «Los juicios del Señor son verdaderos, todos ellos justos».

Cuando los seres humanos se quejan de las consecuencias que Dios nos impone porque las encuentran demasiado pesadas y quizás injustas, la única razón para hacer ese juicio es que no saben cuán detestable, horrendo y odioso es el pecado para Dios.

Si quieres saber cuán horrendo es tu pecado y el mío, solo tienes que mirar la cruz. En la cruz, el rostro de Jesús quedó desfigurado hasta quedar irreconocible, según Isaías 53. Eso sería horroroso incluso si nos hubiera sucedido a cualquiera de nosotros. Pero cuando el Dios tres veces santo es sometido a tal horror por tu pecado y el mío, llegas a comprender cuán abominable es el pecado para Dios.

David afirmó que Dios es sin reproche cuando juzga. Por lo tanto, era «justo» que Cristo fuera tratado de esa manera porque se ofreció a sufrir lo que nosotros tendríamos que sufrir. Ese hubiera sido el juicio justo de Dios sobre nosotros, y David reconoce que hubiera sido justo.

4. Un corazón arrepentido comprende la profundidad de su pecado cuando logra ver que pecamos contra la santidad de Dios.

Por eso David escribió:

> «Yo nací en iniquidad, y en pecado me concibió mi madre» (Sal. 51:5).

Con esto David revela que reconoce que es digno de condenación desde el vientre de su madre. En otras palabras, la corrupción moral siempre fue parte de él, tal como lo ha sido de ti y de mí. Por eso hablamos de la depravación total del hombre.

Reconocer que somos condenables desde el momento de la concepción debería llevar a los hijos de Dios a un grado mayor de humildad. Pero, más aún, a un grado mayor de gratitud hacia el Creador que ha sido paciente con nosotros hasta hoy.

Con esta declaración registrada en el versículo 5, David está explicando que, aunque había pecado terriblemente ante Dios, su condición pecaminosa y corrupta precedió a su pecado de adulterio.

Como bien dice Calvino en su comentario sobre este versículo, «el pecado ejerce dominio sobre nosotros y corrompe nuestras mentes y corazones». El pecado no solo nos influye, sino que ejerce dominio sobre nosotros y por eso necesitamos la morada del Espíritu en nosotros desde el momento en que nacemos de nuevo para poder luchar contra el poder del pecado que solo Cristo pudo vencer en favor nuestro.

Nuestra naturaleza o esencia es pecaminosa desde la concepción y como resultado de esto:

- Nuestros pensamientos son pecaminosos.
- Nuestras emociones son pecaminosas.
- Nuestras intenciones son pecaminosas.
- Nuestros deseos son pecaminosos.
- Nuestras acciones son pecaminosas.
- Nuestros juicios son pecaminosos.
- Nuestro hablar es pecaminoso.
- Nuestro entretenimiento es pecaminoso.
- Nuestras redes sociales son pecaminosas.
- Nuestras oraciones son pecaminosas porque como bien dice Santiago, pedimos con malas intenciones.

¿Cómo sabemos todo esto? La historia redentora narrada en la Biblia lo revela. Pero hay otra razón: solo Dios es santo.

Cuando David dijo: «Yo nací en iniquidad», reflexionaba sobre la realidad de que en toda su existencia no había habido un solo momento en el que hubiera estado libre de culpa.

En Su infinita misericordia, Dios le concedió a David un grado de iluminación de pensamiento y sensibilidad de conciencia que le permitió ver la realidad de su pecado y luego dejó su testimonio escrito para que podamos entender mejor la realidad de nuestro pecado.

5. Un corazón arrepentido reconoce que lo importante no es lucir bien, limpio o justo externamente, sino estar bien ante Dios en el interior de nuestros corazones.

De ahí las palabras de David:

> «Tú deseas la verdad en lo más íntimo, y en lo secreto me harás conocer sabiduría» (Sal. 51:6).

David fue restaurado espiritualmente después de confesar y admitir su pecado; pero no antes. Durante su silencio había estado bien ante los hombres, pero había estado muy mal ante Dios y cada día que pasaba estaba peor.

De hecho, estaba peor ante Dios y estaba peor físicamente. Observa lo que escribió David en el Salmo 32, describiendo su experiencia durante ese tiempo de pecado del que aparentemente nadie sabía nada.

> «Mientras callé mi pecado, mi cuerpo se consumió con mi gemir durante todo el día. Porque día y noche Tu mano pesaba sobre mí; mi vitalidad se desvanecía con el calor del verano» (Sal. 32:3-4).

Por un lado, David dice que su cuerpo «se consumió». Esta expresión alude a que David pudo haber perdido peso, lo que no sería extraño porque nuestro estado emocional tiene un efecto sobre nuestra constitución física.

Por otro lado, David habla de su «gemir durante todo el día». David expresaba su dolor y se lamentaba todo el día. Y es que, nuestro estado espiritual afecta nuestra condición emocional. Esto es entendible porque el gozo es del Señor.

Sin duda, la falta de arrepentimiento enferma física, emocional y espiritualmente. En la iglesia de Corinto hubo personas que tomaron la cena indignamente y enfermaron, y algunos incluso murieron.

Durante esta experiencia de guardar silencio sobre su pecado, David descubrió que la solución al problema del pecado no es el silencio, sino la admisión y la confesión para encontrar el perdón, como expresa David en el Salmo 32:

> «Te manifesté mi pecado, y no encubrí mi iniquidad. Dije: "Confesaré mis transgresiones al Señor"; y Tú perdonaste la culpa de mi pecado» (Sal. 32:5).

El resultado de la oración de arrepentimiento de David fue el perdón de Dios: «Tú perdonaste la culpa de mi pecado» (v. 5b). Me imagino lo liberado que debió sentirse cuando Dios lo visitó con Su perdón. Probablemente sintió que un peso fue removido de sus hombros; que la luz volvió donde había oscuridad; que el gozo secó sus lágrimas; que pudo volver a dormir tranquilo; y perdió el temor de que otros se enteraran de lo que ya Dios se había enterado desde el mismo momento en que estaba ocurriendo.

Por eso el Salmo 32 comienza con estas palabras:

> «¡Cuán bienaventurado es aquel cuya transgresión es perdonada, cuyo pecado es cubierto! ¡Cuán bienaventurado es el hombre a quien el Señor no culpa de iniquidad, y en cuyo espíritu no hay engaño!» (Sal. 32:1-2).

David había ocultado su pecado por casi un año. Tal vez pensó que había logrado engañar al pueblo haciéndoles creer que acoger a Betsabé en su casa después de que enviudara había sido un acto de bondad, cuando en realidad había sido lo más malvado que pudo haber planeado. Pero cuando finalmente rompió el silencio y confesó su pecado a Dios, recibió Su perdón y se sintió bienaventurado.

Es toda esta experiencia lo que está detrás de las palabras del Salmo 51 y que lleva a David a afirmar: «Tú deseas la verdad en lo más íntimo, y en lo secreto me harás conocer sabiduría» (Sal. 51:6).

Sin duda, el Salmo 51 es un retrato de la condición pecaminosa de los seres humanos, pero también es un hermoso retrato del corazón de Dios, pues si la naturaleza del hombre es pecar, la naturaleza de Dios es perdonar. Y quienes se acercan a Él con un corazón contrito y humillado, clamando por misericordia y apelando a Su carácter bondadoso, no serán rechazados porque nuestro Dios es compasivo y lleno de piedad, lento para la ira y abundante en misericordia y fidelidad (Sal. 86:15).

Capítulo 6

Orando con David

Por restauración

Purifícame con hisopo, y seré limpio; lávame,
y seré más blanco que la nieve. Hazme oír gozo y alegría,
haz que se regocijen los huesos que has quebrantado.
Esconde Tu rostro de mis pecados, y borra todas mis iniquidades.
Crea en mí, oh Dios, un corazón limpio, y renueva
un espíritu recto dentro de mí. No me eches de Tu presencia,
y no quites de mí Tu Santo Espíritu. Restitúyeme el gozo
de Tu salvación, y sostenme con un espíritu de poder.
Entonces enseñaré a los transgresores Tus caminos,
y los pecadores se convertirán a Ti. Líbrame de delitos de sangre,
oh Dios, Dios de mi salvación, entonces mi lengua cantará
con gozo Tu justicia. Abre mis labios, oh Señor,
para que mi boca anuncie Tu alabanza.
Salmo 51:7-15

En el capítulo anterior mencionamos que muchas veces no sabemos cómo orar y mucho menos cómo arrepentirnos. La realidad es que a menudo pensamos que nos hemos arrepentido cuando simplemente hemos confesado. Otras veces confesamos selectivamente, incluso a Dios, mencionando aquellas cosas que nos causan menos dolor y vergüenza. A veces nos preguntamos qué es lo mínimo que tenemos que revelar sobre nuestro pecado para superar la amarga experiencia lo antes posible. Y esto último lo hacemos, incluso cuando hemos dicho una pequeña mentira y nos descubren. Entonces es cuando empezamos a tartamudear.

Esa es la inclinación natural de todo ser humano: queremos evitar el dolor y la vergüenza a toda costa, aunque se trate de algo que solo nos concierne a nosotros y a Dios. Sin embargo, cuando actuamos de esa manera no lo hacemos con el espíritu de un corazón verdaderamente arrepentido. Así que en este capítulo continuaremos explorando el Salmo 51 con el objetivo de seguir aprendiendo a través del ejemplo de David cómo arrepentirnos en oración.

En el Salmo 51, escrito por el rey David después de su pecado con Betsabé, no encontramos ninguna de estas características que hemos descrito. Por el contrario, las palabras de David son un modelo de oración de arrepentimiento digno de un análisis más profundo. Como hemos enseñado otras veces, en hebreo hay dos palabras principales que hacen referencia al arrepentimiento: una está relacionada con la experiencia de dolor que experimenta el arrepentido (*Nacham*) y la otra está relacionada con la idea de girar en «U» en dirección opuesta (*Shub*). En griego, la palabra que aparece en el Nuevo Testamento y que se asocia con mayor frecuencia con el arrepentimiento es la palabra *metanoia*, que implica un cambio de mente. Y la confesión de David en el Salmo 51 contiene estos tres elementos.

En los primeros seis versículos del Salmo 51, el rey David expresa el profundo dolor que experimentó al despertar de su letargo espiritual. En la segunda parte de este salmo, David nos deja ver cómo decidió dar un giro en «U» y devolverse como resultado de haber cambiado de mente.

Como mencionamos en el capítulo anterior, David era culpable de dos delitos que conllevaban la pena de muerte. David había cometido adulterio con Betsabé (Lev. 20:10) y luego le había quitado la vida a Urías, su esposo. Por lo tanto, si hubiera sido llevado a juicio, David habría merecido morir dos veces si eso fuera posible.

A pesar de la gravedad de su pecado, David permaneció en un estado de indolencia espiritual durante un largo período de tiempo, para utilizar las palabras de Juan Calvino en su comentario a este salmo. Es difícil imaginar cómo un hombre que había disfrutado de intimidad con Dios pudo llegar a tal grado de indolencia o letargia espiritual, como lo expresó Calvino[23], hasta que fue despertado en su conciencia por las palabras del profeta Natán.

David experimentó dolor al llegar a comprender cuán bajo había caído y cuán lejos de Dios había estado. Cuando el profeta Natán confrontó a David, el rey escuchó buenas y malas noticias:

- La mala noticia era que el hijo que había engendrado con Betsabé moriría al nacer como parte del juicio de Dios.
- La buena noticia era que Dios había perdonado su pecado.

El dolor que experimentó David y que encontramos expresado en el Salmo 51, es el dolor interno que nadie conoció durante el tiempo que permaneció en silencio y que también queda expuesto en el Salmo 32, versículos 3 y 4. Las palabras de David en estos dos salmos, 51 y 32, nos muestran que la falta de arrepentimiento nos esclaviza, nos deprime, nos debilita, nos hace sentir cargados o pesados e incluso nos enferma.

Ese dolor inicial que experimentó David fue la primera aflicción que experimentó después de que Natán lo confrontara. Posteriormente, David experimentó un dolor añadido durante un largo período como consecuencia de su pecado. Sufrió cuando uno de sus hijos, Amnón, violó a su hija Tamar. Experimentó aún más dolor cuando supo que su hijo Absalón había matado a su hermano Amnón por la violación que había cometido. Y experimentó más dolor cuando ese mismo hijo, Absalón, tuvo intimidad con sus concubinas a plena luz del día en la terraza de la casa real, tal como el profeta Natán había anunciado que sucedería porque David había traído vergüenza al nombre de Jehová.

---

[23] Juan Calvino, Psalm 51, *Commentary on Psalms*, vol. 2 (Grand Rapids: Christian Classics Ethereal Library), versión en línea: https://ccel.org/ccel/c/calvin/calcom09/cache/calcom09.pdf

David siguió experimentando dolor cuando su hijo Absalón lo persiguió para quitarle la vida y apoderarse del trono. Y, por último, David experimentó quizás su mayor grado de dolor cuando sus soldados mataron a Absalón para proteger la vida del rey. Cuando la noticia llegó al rey, éstas fueron las palabras de David:

> «¡Hijo mío Absalón; hijo mío, hijo mío Absalón! ¡Quién me diera haber muerto yo en tu lugar! ¡Absalón, hijo mío, hijo mío!» (2 Sam. 18:33).

Aproximadamente un año después de haber pecado, David se encontraba física, emocional y espiritualmente devastado. Por eso, en la primera mitad del Salmo 51 vemos una oración de confesión y arrepentimiento (vv.1-6) que ya cubrimos en el capítulo anterior, seguida de una oración de restauración que es precisamente el enfoque de este capítulo.

Veamos ahora los versículos 7 al 19 del Salmo 51:

> «Purifícame con hisopo, y seré limpio;
> Lávame, y seré más blanco que la nieve.
> Hazme oír gozo y alegría,
> Haz que se regocijen los huesos que has quebrantado.
> Esconde Tu rostro de mis pecados,
> Y borra todas mis iniquidades.
> Crea en mí, oh Dios, un corazón limpio,
> Y renueva un espíritu recto dentro de mí.
> No me eches de Tu presencia,
> Y no quites de mí Tu Santo Espíritu.
> Restitúyeme el gozo de Tu salvación,
> Y sostenme con un espíritu de poder.
> Entonces enseñaré a los transgresores Tus caminos,
> Y los pecadores se convertirán a Ti.
> Líbrame de delitos de sangre, oh Dios, Dios de mi salvación,

> Entonces mi lengua cantará con gozo Tu justicia.
> Abre mis labios, oh Señor,
> Para que mi boca anuncie Tu alabanza.
> Porque Tú no te deleitas en sacrificio, de lo contrario yo lo ofrecería;
> No te agrada el holocausto.
> Los sacrificios de Dios son el espíritu contrito;
> Al corazón contrito y humillado, oh Dios, no despreciarás.
> Haz bien con Tu benevolencia a Sión;
> Edifica los muros de Jerusalén.
> Entonces te agradarán los sacrificios de justicia,
> El holocausto y el sacrificio perfecto;
> Entonces se ofrecerán novillos sobre Tu altar».

El texto anterior está escrito en lenguaje poético y por lo tanto, exhibe cierta licencia literaria típica de la poesía. Por ende, en lugar de exponer el salmo en el orden en que aparecen los versículos, agruparemos las enseñanzas temáticamente, lo que implica que agruparemos los versículos según la similitud de los temas.

Esta sería la distribución que proponemos:

- David pide por la limpieza espiritual de su vida (vv. 7, 9, 14).
- David pide por su restauración espiritual (vv. 8, 10-12, 15).
- David promete enseñar a otros a caminar espiritualmente (v. 13).
- David pide por la restauración de la nación (vv. 18-19).

Cómo orar por limpieza espiritual

Veamos primero cómo orar por limpieza espiritual examinando las palabras del rey David (vv. 7, 9, 14). Y lo primero que notamos es que el versículo 7 nos conecta con la primera parte del salmo porque en ese versículo David continúa pidiendo a Dios que lo limpie de su pecado. Como vimos en el capítulo anterior, después de la confrontación de Natán, David se sintió sucio, avergonzado, culpable, entristecido, arruinado, indigno y con cierto sentimiento de autodesprecio. Lo que David no perdió fue su sentido de esperanza de que en Dios podía encontrar perdón, paz, redención y restauración de su relación con Él.

David sabía que nadie podía ayudarlo a restablecer su relación con Dios, excepto Dios mismo. Él dependía única y exclusivamente de la gracia y la misericordia de Dios para poder sentirse en paz nuevamente con el Dios que lo había llevado a ser el David, el héroe de la nación de Israel, recordado hasta hoy. Por eso en el versículo 7, David pide a Dios que lo purifique con hisopo. El hisopo era un tipo de árbol que crecía sobre las rocas y sus ramas eran utilizadas por los sacerdotes en el Antiguo Testamento para declarar limpio a alguien que había sido sanado de la lepra. En este caso, el hisopo se mojaba en la sangre de una avecilla que había sido ofrecida como sacrificio y la persona que había sido sanada de la lepra era rociada con ese hisopo siete veces y declarada limpia (Lev. 14:1-20). Luego, la persona se lavaba con agua y finalmente quedaba limpia. Una purificación similar ocurría cuando alguien tocaba un cadáver y se contaminaba.

Así que David tiene en su mente esta imagen de alguien que había quedado inmundo por alguna razón y que finalmente había sido declarado limpio a través de la acción del sacerdote usando tal hisopo. Obviamente el sacerdote no tenía la capacidad para hacerlo, sino que era simplemente un instrumento usado por Dios para expresar externamente lo que solo Dios puede hacer internamente. Por otro lado, cuando David dice lávame, está usando una expresión poética que trae a la mente su pecado que lo hace sentir sucio, pero al mismo tiempo trae a la mente la promesa hecha a través del profeta Isaías en Isaías 1:18 cuando Dios dijo que, aunque nuestros pecados sean rojos como el carmesí, Él los hará blancos como la nieve.

En el versículo 9, David continúa expresando su deseo de que algo radical suceda con su experiencia pasada de pecado y por eso termina diciendo: «Esconde Tu rostro de mis pecados, y borra todas mis iniquidades» (Sal. 51:9).

Quizá mientras David permanecía en silencio, sintió como si la mirada de Dios estuviera sobre él todo el tiempo. Tal vez recordaba las palabras de Habacuc 1:13 que nos dice que los ojos de Dios son tan puros que no pueden ver el mal. Inmediatamente después de que David le pide a Dios que esconda Su rostro de sus pecados, dice «borra todas mis iniquidades» (v. 9). Es como si David estuviera diciendo, «límpiame tan radicalmente que no tenga que sentirme bajo tu mirada».

La petición no es que Dios ignore el pecado de David, sino que lo limpie tan radicalmente que David ya no tenga que sentir que los ojos de Dios están continuamente sobre él. Así se sentía continuamente Martín Lutero antes de conocer la gracia de Cristo que lo perdonó y por eso sentía la necesidad de confesarse dos o tres horas al día y sin embargo, seguía sintiendo que el dedo de Dios estaba siempre sobre él.

En el versículo 14, David sigue pidiendo por limpieza de pecado o perdón de pecados, cuando clama: «Líbrame de delitos de sangre, oh Dios, Dios de mi salvación…» (Sal. 51:14a). Algunos piensan que esta es la manera de David de pedir perdón por la muerte de Urías, de la cual él era responsable, y por otro lado, algunos, como Calvino, piensan que David está pidiendo a Dios que lo libre de la pena de muerte que merecía por los dos pecados que había cometido: adulterio y asesinato, los cuales conllevaban la pena de muerte, como ya dijimos. Independientemente de cuál interpretación sea la correcta, la realidad es que David está lidiando con su pecado plenamente y no deja nada sin abordar.

Todo esto es solo el comienzo de la restauración, ya que no puede haber restauración si el pecador no se ha arrepentido genuinamente, el pecado no ha sido perdonado y la persona no ha sido limpiada.

Cómo orar por restauración espiritual

Cuando un cristiano está en la práctica del pecado, una de las primeras emociones que desaparecen es el gozo por las cosas de Dios. La persona no se percata de lo que ha perdido porque el pecado lo lleva a experimentar una alegría de la carne que confunde con el gozo que antes tenía en el Señor. Y así llega a pensar que todavía está caminando con Dios. Pero esa alegría de la carne con el tiempo terminará. Cuando eso suceda, descubrirá que durante ese tiempo había perdido el gozo por las cosas del Señor.

El gozo del Señor no viene simplemente de comportarnos bien, sino que requiere una acción directa de parte de Dios porque el gozo es fruto del Espíritu. Por eso David, al pedir restauración espiritual, dice: «Hazme oír gozo y alegría» (v. 8a). Es increíble ver cómo la persona que antes había tocado la flauta para alegrar al rey Saúl cuando estaba triste y que había compuesto un buen número de salmos, al ocultar su pecado, perdió toda expresión de gozo porque su relación con Dios se había quebrantado.

David estaba experimentando una angustia profunda y esa angustia solo podía ser removida con el retorno del gozo del Señor, que es nuestra fortaleza. De ahí la expresión: «Haz que se regocijen los huesos que has quebrantado» (v. 8b). Esta es una forma poética y metafórica de David de expresar lo profundamente quebrantado y debilitado que se sentía en medio de su dolor. Por eso pide a Dios que le permita volver a regocijarse, incluso en sus huesos. Es como si David dijera: «El gozo que te pido no es simplemente un gozo que esté en mi rostro y en mis labios para que los demás lo vean, sino que te pido un gozo profundo que se sienta hasta en mis propios huesos».

El daño que nos produce el pecado es mucho más profundo de lo que nos percatamos y la mejor evidencia de la profundidad de ese daño es el hecho de que el cien por ciento de las consecuencias que hoy sufrimos en el planeta, desde abortos, homicidios, suicidios, eutanasias, enfermedades, accidentes, cambios climáticos, desastres naturales, enemistades, violencia, entre muchas otras, todas y cada una de ellas son resultado del pecado.

El pecado no solo afecta nuestra relación con Dios, sino que destruye algo dentro de nosotros de lo que no somos conscientes. Pero David, a través de la iluminación que recibió de Dios, pudo ver lo que nosotros no vemos. Por eso exclamó: «Crea en mí, oh Dios, un corazón limpio, y renueva un espíritu recto dentro de mí» (Sal. 51:10). Es como si David estuviera pidiendo una mente nueva para pensar, un corazón nuevo para sentir y una voluntad nueva para obedecer y vivir.

Observemos que David habla de crear en él. No está simplemente pidiendo que Dios limpie algo que él ensució, sino que Dios cree algo nuevo que él dañó. James Montgomery Boice, en su comentario sobre este versículo, hace la observación de que la palabra que abre el versículo 10 y que se traduce al español como «crea» del verbo crear, es la palabra hebrea *bara*. Esa es la misma palabra que aparece en Génesis 1:1, donde leemos: «...creó Dios los cielos y la tierra». Ese es un verbo que solo se usa con relación a la persona de Dios para referirse a algo que solo Dios puede hacer y para referirse a algo que Dios hace de la nada.[24] Y quizás con esto David estaba dando a entender que lo que tenía que suceder en él era un milagro.

No es simplemente que Dios repare las cosas que están dañadas en nosotros porque al final no hay nada bueno en nuestra carne como dijo el apóstol Pablo. Lo que David necesitaba y lo que tú y yo necesitamos al momento de arrepentirnos es algo que Dios tiene que traer de «afuera» y poner en nosotros porque no está en nosotros. No contribuimos en nada a la redención de nuestra alma y de nuestra vida.

David continúa con su petición de restauración espiritual: «No me eches de Tu presencia, y no quites de mí Tu Santo Espíritu» (Sal. 51:11). Esta es la primera vez que aparece la palabra Santo Espíritu en el Antiguo Testamento. En todas las ocasiones anteriores se habla del Espíritu de Dios, pero esta vez se lo llama por Su nombre. Luego lo vemos de

---

[24] James Montgomery Boice, *Psalms*, vol. 2 (Grand Rapids: Baker Books, 1996), pág. 432.

nuevo en Isaías 63:10-11. Esos son los únicos dos pasajes del Antiguo Testamento donde aparece el nombre Espíritu Santo o Santo Espíritu como tal.

David conocía la historia de Sansón, la cual cuenta cómo en un momento dado el Señor se había apartado de él (Jue. 16:20). También conocía la historia de Saúl, que después de que Dios lo había desechado, el Espíritu del Señor se apartó de él (1 Sam. 16:14). Así que, quizás estaba pidiendo a Dios que él no corriera la misma suerte que estos dos hombres que quedaron sin que el Espíritu de Dios estuviera nuevamente sobre ellos.

Ahora bien, en el Nuevo Testamento, después del día de Pentecostés, entendemos que el Espíritu de Dios viene a morar en el creyente de manera permanente, por lo que esa no sería necesariamente una oración teológicamente apropiada para nosotros. Sin embargo, lo que sí creo que es perfectamente posible es perder el favor de Dios, de modo que los dones que Dios ha puesto en nosotros pierdan su efectividad y ya no sintamos el deseo de querer usarlos o, al usarlos, ya no nos sintamos seguros de que Dios está endosando su uso o que el poder de Dios que fluye a través de nosotros cuando ministramos en comunión con Él ya no está con nosotros.

A manera de ilustración, pensemos en un cirujano al que le quitamos el bisturí. Todavía tiene la habilidad de operar, pero no tiene los medios para hacerlo y, sin el instrumento, pierde el deseo de volver a operar. Algo similar sería permanecer con un don particular que ha perdido su eficacia.

David estaba consciente de que Dios tenía que completar Su obra en él para recuperar su vitalidad espiritual, por eso en el versículo 12, vuelve a pedir por su restauración espiritual: «Restitúyeme el gozo de Tu salvación, y sostenme con un espíritu de poder» (Sal. 51:12). Una vez más, es evidente que David entiende que lo que necesita es algo que solo Dios puede hacer, y por eso dice: «Restitúyeme el gozo...». Aquí el verbo está expresado de tal manera que queda claro quién es el que tiene que hacer esto: Dios mismo. Pero no solo es que Dios puede hacerlo, sino que Él es el único que puede hacerlo.

Ahora bien, ¿qué gozo es el que David anhela volver a tener? El gozo de la salvación. No sé si lo sabes o si lo has experimentado, pero la salvación del Señor produce gozo. Cuando eso no sucede, entonces no has entendido de dónde Dios te sacó o no has entendido todo lo que Dios te ha dado en Cristo o ambas cosas. Déjame contarte desde las palabras del apóstol Pablo dónde estábamos antes de nuestra salvación e inmediatamente después decirte dónde estamos ahora porque esa realidad es la que produce gozo en nosotros. En Efesios 2:11, Pablo describe que antes estábamos separados de Cristo, excluidos de la ciudadanía de Israel, ajenos a los pactos de la promesa, sin esperanza y sin Dios en el mundo. Pero al recibir la salvación, como nos explica Pablo en Efesios 2:13-17, ahora hemos sido acercados por la sangre de Cristo, hemos sido traídos a la paz con Dios, hemos sido reconciliados poniendo fin a la enemistad con Él y ahora tenemos entrada al Padre.

David había perdido su gozo durante su silencio: no se sentía cerca de Dios, no estaba en paz con el Dios que conocía, no se sentía limpio, no podía sentir gozo y se sentía débil en todo el sentido de la palabra. Por eso dice al final del versículo 12: «Y sostenme con un espíritu de poder». Es como si David dijera: «Dios, dame fuerzas, porque siento que no puedo más. Tal como estoy, no puedo reinar, ni liderar, ni cantar. De hecho, no puedo hacer lo que me has llamado a hacer».

«En la medida en que Tú me restaures», parece estar diciendo David, «entonces mi lengua cantará con gozo Tu justicia. Abre mis labios, oh Señor, para que mi boca anuncie Tu alabanza» (Sal. 51:14b-15). Observa el uso que hace David de la palabra «entonces», es decir, «solo después de que me hayas limpiado, después de que hayas restaurado mi corazón, y después de que me hayas devuelto el gozo de mi salvación, podré cantar nuevamente tu alabanza».

Notemos también que David dice: «Abre mis labios, oh Señor...». El pecado muchas veces nos enmudece y cierra nuestros labios para confesar, para orar, para adorar e incluso para buscar ayuda. Una vez más, el pecado nos afecta más profundamente de lo que nos percatamos.

No sé si has estado prestando atención a los verbos y formas verbales utilizados por David hasta ahora: Purifícame, lávame (v.7); hazme, haz que (v.8); borra (v.9); crea en mí, renueva (v.10); no me eches, no quites (v.11); restitúyeme, sostenme (v.12); líbrame (v.14); abre mis labios (v.15). Dios y solo Dios es quien hace la obra de restauración en David.

Enseñar a otros a caminar espiritualmente es nuestro privilegio y responsabilidad

David promete que enseñará a otros cómo caminar espiritualmente una vez que sea restaurado por Dios: «Entonces enseñaré a los transgresores Tus caminos» (Sal. 51:13). Así como David, todos debemos tener claro que cuando Dios nos enseña algo, lo que aprendemos debe ser pasado a otros por más de una razón:

1. Otros pueden aprender de nuestros errores, tropiezos y caídas como nosotros estamos aprendiendo de la caída de David.
2. Otros pueden aprender del carácter bondadoso de nuestro Dios al ver la bondad de Dios en nuestras vidas tal como la vemos en el perdón de Dios otorgado a David.
3. Traemos gloria a Dios cada vez que enseñamos a otros sobre el carácter de nuestro Dios.

En este caso, David aprendió cómo funciona la tentación desde dentro y desde fuera de nosotros, cómo el pecado destruye nuestras relaciones verticalmente (con Dios) y horizontalmente (con los demás), y cómo restaurar nuestra relación con Dios. Luego se comprometió a enseñar a otros los caminos de Dios. No esperemos que Dios nos restaure si no planeamos usar lo que hemos aprendido para ayudar a otros a crecer y madurar.

Los versículos 16 y 17 del Salmo 51 representan parte de lo que David planeaba enseñar a otros:

> «Porque Tú no te deleitas en sacrificio, de lo contrario yo lo ofrecería; no te agrada el holocausto. Los sacrificios de Dios son el espíritu contrito; al corazón contrito y humillado, oh Dios, no despreciarás».

Dios ordenó los sacrificios prescritos en la ley de Moisés como una manera de enseñar al hombre cómo lidiar con su pecado mientras esperaba la venida del Cordero de Dios que quitaría el pecado del mundo. A través de esta experiencia dolorosa, David aprendió que ninguno de esos sacrificios, nuestras oraciones o nuestra participación en la iglesia agradan a Dios si nuestro corazón no está bien con Él.

David está dejando claro que durante el tiempo de su silencio ofreció sacrificios a Dios, pero continuó sintiéndose agobiado, culpable y emocionalmente debilitado. Y nada de eso se compara con el espíritu contrito y humillado que se acerca a Dios. Porque Dios recibe al pecador que se acerca a Él en esa actitud.

En Isaías 57:15, el profeta nos dice que el Señor habita con el contrito y humilde de espíritu. Más adelante, en Isaías 66:2, afirma que el Señor mira al que es humilde y contrito de espíritu y que tiembla ante Su palabra. Nuestra actitud defensiva, nuestras justificaciones y nuestro comportamiento egoísta, como el que David mostró al aprovecharse de la vulnerabilidad de Betsabé y la fidelidad de Urías, no son compatibles con un espíritu contrito y humillado.

Cuando David dice en el versículo 13: «Enseñaré a los transgresores Tus caminos», se refiere a todo lo que Dios ha revelado y a todo lo que él había aprendido acerca de su pecado, su corazón y el corazón de Dios. Todo eso es parte de la promesa que él ha hecho de enseñar a otros a caminar espiritualmente.

Cómo orar por la restauración de la nación

Finalmente, veamos la oración de David por la restauración de la nación de Israel:

> «Haz bien con Tu benevolencia a Sión; edifica los muros de Jerusalén. Entonces te agradarán los sacrificios de justicia, el holocausto y el sacrificio perfecto; entonces se ofrecerán novillos sobre Tu altar» (Sal. 51:18-19).

David ora por la restauración de la nación porque su pecado había afectado a toda la nación de Israel, la cual fue debilitada hasta el punto de que el reino terminó dividido después de la muerte de su hijo Salomón, quien se alejó de los caminos de Dios mucho más que su padre y terminó viviendo una experiencia de pecado mucho peor que la de David.

Nadie peca en privado. El pecado de uno nos afecta a todos:

- El pecado de Adán y Eva afectó a toda la raza humana.
- El pecado de Elí afectó a sus hijos.
- El pecado de Sansón, David y Salomón afectó a toda la nación de Israel.
- Nuestro pecado afectó a Jesús y la cruz está ahí para probarlo.
- El pecado de los presidentes de las naciones afecta el futuro de las naciones.
- El pecado de los padres afecta a sus hijos.
- El pecado de los pastores afecta a las ovejas que Dios ha puesto en sus manos.

Aprendamos del ejemplo de David y confesemos nuestro pecado delante de Dios sin minimizarlo ni excusarlo para que Dios en Su bondad y compasión restaure nuestras vidas a la plenitud de Cristo como resultado de que exhibamos un espíritu contrito y humillado delante de Él luego de haber pecado. Este es el único requisito que Dios nos exige para traer perdón y restauración a nuestras vidas; el resto depende única y exclusivamente de Su gracia.

Capítulo 7

Orando a la manera del Maestro en mi Getsemaní

Una oración de renuncia

Y se apartó de ellos como a un tiro de piedra,
y poniéndose de rodillas, oraba, diciendo:
«Padre, si es Tu voluntad, aparta de Mí esta copa;
pero no se haga Mi voluntad, sino la Tuya».
Entonces se apareció un ángel del cielo, que lo fortalecía.
Y estando en agonía, oraba con mucho fervor;
y Su sudor se volvió como gruesas gotas de sangre,
que caían sobre la tierra.
Lucas 22:42

En el texto de más arriba, encontramos la oración más corta de Jesús que haya quedado registrada en los evangelios. Sin embargo, su brevedad no se compara con su profundidad ni tampoco con el poder de transformación que puede tener en la vida de un creyente. De hecho, esta oración tiene el potencial de cambiar radicalmente:

- una vida,
- un matrimonio,
- el liderazgo de una iglesia y
- hasta el rumbo de toda una iglesia.

La oración se encuentra en el versículo 42 solamente. Los demás versículos proveen contexto. De las diez oraciones de Jesús que aparecen en el Evangelio de Lucas, esta es la única que revela su contenido. Algunos han observado que es una oración con un trasfondo eminentemente judío.

Tan pronto Jesús terminó de celebrar la última cena con Sus discípulos, durante la cual instituyó el nuevo pacto en Su sangre que se estaría sellando al día siguiente con Su muerte en la cruz, compartió el pan como representación de Su cuerpo que sería herido en más de una manera; y posiblemente pudo haber compartido hasta cuatro copas de vino, según solía hacerse en una cena de Pascua. El vino, como sabemos, era representativo de Su sangre que sería derramada al día siguiente. Como recordarás, esta fue una cena de Pascua que recordaba la liberación del pueblo hebreo por medio de la sangre de los corderos que fue colocada en los dinteles de las puertas (Éxodo 12).

Terminada la cena, cantaron un himno y luego salieron para el Monte de los Olivos. Ya Judas había abandonado el grupo. Y Jesús llegó al área acompañado por el grupo de los once discípulos restantes. Luego de llegar al lugar, Jesús se separa un poco para hacerse acompañar solamente de tres de ellos y finalmente avanza un poco más separándose de estos tres también. Ya estando solo, se arrodilla y comienza a orar. La posición usual del judío al orar era estando de pie y con frecuencia con las manos hacia arriba simbolizando que la persona estaba abierta a recibir lo que Dios enviara. Pero en ocasiones especiales o de gran dificultad o de angustia, algunos de los personajes bíblicos del Antiguo Testamento supieron arrodillarse como fue el caso de Salomón (1 Rey. 8). Daniel supo orar de rodillas hasta tres veces al día de acuerdo con la historia que conocemos. Y otros también lo hicieron. Jesús está en un momento crucial de Su vida, a punto de ser apresado y a horas de ser crucificado. De manera que, en esta ocasión oró de rodillas, quizás simbolizando sumisión al Padre.

Esta oración es simple, pero extremadamente profunda. En ella podemos ver la manifestación de la humanidad de Jesús y la claridad de Su visión y misión. Jesús expresó en más de una ocasión que Él no había venido para hacer Su voluntad, sino la voluntad del Padre que le envió (Juan 4:34, 6:38 y 8:29).

La misión de Jesús: hacer la voluntad del Padre.

Cuando Jesús tuvo el encuentro con la mujer samaritana, los discípulos lo dejaron hablando con ella y fueron a comprar comida a algún lugar. Al regresar, Sus discípulos le rogaban que comiera y esta es la respuesta, registrada en Juan 4:34: «Mi comida es hacer la voluntad del que me envió y llevar a cabo Su obra».

La comida es vital para sobrevivir físicamente; así de importante fue la voluntad de Dios Padre para el Hijo y así debiera ser para nosotros.

Recordemos que esta oración que queremos ver se hace en el huerto de Getsemaní. Jesús se dirige a la cabeza de la Trinidad y lo llama Padre de manera personal, que fue la forma como siempre lo hizo y como nos instruyó a orar para que tuviéramos confianza de acercarnos al trono de la gracia y no orar como si Él fuera un Dios lejano. Por otro lado, al leer con detenimiento podemos observar que en esta oración encontramos la lucha continua entre la voluntad humana y la voluntad divina. Siendo 100% hombre y 100% Dios, sería imposible que Jesús no sintiera esta lucha entre dos voluntades, especialmente en vista de todo el dolor que enfrentaría en unas horas.

Enfrentaría el sufrimiento físico

- de los látigos,
- de los golpes,
- de los clavos y
- de colgar en la posición de un crucificado.

Enfrentaría el sufrimiento emocional

- de la burla,
- de la traición de Judas,
- de la negación de Pedro, como cabeza del grupo,
- de la vergüenza de colgar desnudo en un madero, después de haber sido hasta escupido,
- del abandono de Sus más cercanos amigos, lo cual tuvo que sentir, no solamente al ver lo que Sus amigos eran capaces de hacer, sino al ver lo que la naturaleza humana y pecadora es capaz de hacer.

Enfrentaría el sufrimiento espiritual

- Por toda una humanidad que no merecía ser salvada, pero que la Trinidad había decidido salvar a muchos de sus miembros, elegidos desde la eternidad pasada, habiéndose ofrecido Jesús para llevarla a cabo (1 Ped. 1:20).
- Por el dolor del abandono del Padre en la cruz que es equivalente al dolor de aquellos que entran al infierno cuando de repente, se encuentran completamente abandonados por el Dios que les dio la vida. Allí en la cruz, Jesús clamó: «"Elí, Elí, ¿lema sabactani?". Esto es: "Dios Mío, Dios Mío, ¿por qué me has abandonado"» (Mat. 27:46).

La lucha fue real y de ahí la pregunta de la posibilidad de otro camino para redimir a la humanidad. Pero la decisión final ya estaba tomada. Jesús nunca quiso que Dios Padre cambiara Su voluntad divina por una voluntad humana, sabiendo que la voluntad de Dios:

- es siempre santa,
- es justa sin medida,

- es buena de principio a fin, aunque no lo creamos o veamos y
- es agradable cuando se recibe con sumisión.

De ahí la frase, «que se haga tu voluntad y no la mía». Si Dios te diera la oportunidad de hacer una oración y que sea respondida conforme a tu voluntad y no la Suya, ¿piensas que lo harías mejor que Él o piensas que lo harías peor?

- La voluntad humana hace sus demandas en términos de deseos, temores o pasiones humanas, según el caso.
- La voluntad divina hace Sus demandas en términos lógicos, de propósitos y significado.
- La voluntad humana apela a las emociones.
- La voluntad divina apela a la mente y al conocimiento de la verdad.
- La voluntad humana tiene que ser sometida.
- La voluntad divina tiene que ser obedecida.
- La voluntad humana es variable.
- La voluntad divina es inmutable.
- La voluntad humana es microscópica: aquí y en el ahora.
- La voluntad divina es telescópica: Dios y Su plan eterno.

Esa lucha entre esas dos voluntades es lo que vemos en estas palabras:

«Padre, si es Tu voluntad, aparta de Mí esta copa; pero no se haga Mi voluntad, sino la Tuya». Jesús comienza orando, aludiendo a la voluntad divina de Su Padre debido a que en Su encarnación, Jesús vino para representarnos a nosotros y de ahí que en Getsemaní, expresó la angustia de Su humanidad, pero a la vez, sometió la voluntad de Su humanidad a la voluntad de la divinidad. Jesús vino:

- a vivir como hombre,
- para obedecer como hombre,

- para someterse al Padre como hombre,
- para sufrir como hombre,
- para eventualmente morir en lugar del hombre.

Al morir, Jesús experimentó la muerte física, pero nunca la muerte de Su divinidad. Lucas nos dice que cuando Jesús oró estas palabras, Él estaba en gran agonía, tanto así que sudó gotas de sangre (Luc. 22:44). Esa experiencia que venía de camino lo llevó a orar con mucho fervor. La agonía es representativa de la emoción humana en momentos de temor y la oración con gran fervor habla de Su cercanía al Padre a la hora de la prueba. De acuerdo con Juan Calvino, «su horror no fue simplemente como el temor del que muere y pasa de este mundo [al siguiente], sino por lo que Él tenía delante de sus ojos que no era menos que el tribunal terrible de Dios, y al Juez mismo cargado con venganza inconcebible; fue la carga de nuestros pecados que Él había asumido y fue el peso de esa enorme masa... que lo atormentó gravemente con temor y angustia».[25]

¿Cuál fue el peso que Jesús cargó? El peso de la ira de Dios. La ira de Dios:

- Contra cada aborto que se ha cometido.
- Contra cada violación sexual.
- Contra cada homicidio.
- Contra cada acto de pornografía.
- Contra cada violación de Su diseño en el matrimonio o en cualquier otra área.
- Contra cada hombre que ha suprimido la verdad enseñando su no existencia.
- Contra cada persona que ha pervertido la mente de niños y jóvenes con la nueva ideología de género.

---

[25] Juan Calvino, *Harmony of the Gospels*, tomado del comentario de Phillip Graham Ryken con relación a la agonía de Jesús en Getsemaní en *Reformed Expository Commentary*, vol. 2 (Phillipsburg: New Jersey, 2009), 503.

- Contra cada juez que ha sido sobornado y su sobornador.
- Contra cada persona que consume drogas.
- Contra cada persona que vende las drogas.
- Contra cada persona que ha mentido alineándose con Satanás y no con Él.

La lista se hace interminable, pero ese es el peso de la ira de Dios y ese es el peso que casi aplastó a Jesús en la cruz. No fue simbólico, fue real o no hubiese sido válido para evitarnos el infierno. En ese momento, Jesús no se retira de la misión encomendada, sino que Él ora intensamente para soportar la prueba. Conociendo Dios el peso de la ira que le vendrá encima, le envía un ángel para que lo fortalezca (Luc. 22:43). Es interesante que en Getsemaní, Dios le envió un ángel a Jesús para fortalecerlo porque algo parecido dice Hebreos 1:14, con relación a nosotros y los ángeles que son: «... espíritus ministradores, enviados para servir por causa de los que heredarán la salvación».

Además del ángel que visitó a Jesús en Getsemaní, sabemos que el ministerio del Espíritu Santo estuvo muy activo en la vida de Jesús. El mismo Espíritu de Dios que lo ungió en el Jordán es el mismo Espíritu que lo sostuvo en la cruz (Heb. 9:14) y fue el mismo Espíritu que lo resucitó de entre los muertos (Rom. 8:11). Esta es una muestra de que Dios no nos deja solos en nuestras dificultades. El Espíritu que sostuvo a Cristo es el mismo que hoy mora en nosotros y nos ayuda en nuestras debilidades, como explica Pablo en Romanos 8:26-27:

«De la misma manera, también el Espíritu nos ayuda en nuestra debilidad. No sabemos orar como debiéramos, pero el Espíritu mismo intercede por nosotros con gemidos indecibles. Y Aquel que escudriña los corazones sabe cuál es el sentir del Espíritu, porque Él intercede por los santos conforme a la voluntad de Dios».

Pensando como hombre, Jesús pregunta si hay alguna otra posibilidad de que Él pudiera redimir a los hombres sin tener que pasar por el dolor de las laceraciones y de los clavos. En esas circunstancias de lucha, Jesús simplemente hace la pregunta. Pero al final de esta oración, Jesús nos deja el patrón a seguir: «Pero que se haga tu voluntad y no la mía». Que no nos quede la menor duda de que el mismo Espíritu que lo impulsó a ir al desierto luego de Su bautismo en el Jordán (Mar. 1:12), fue el mismo Espíritu que lo dirigió a ir a Getsemaní para allí prepararlo para Sus últimas horas en este mundo.

El Espíritu nos asiste en nuestras debilidades para ayudarnos a ser conformados a la voluntad de Dios.

Lo que el Espíritu de Dios procura en nosotros es alinearnos a la voluntad de Aquel que nos llamó desde toda la eternidad. El Espíritu nos ayuda en nuestra debilidad para que aprendamos a rendir nuestra voluntad al Señor que es Juez del cielo y la tierra. La voluntad tiene que ser rendida al Señor como requisito para la oración efectiva.

Nosotros debiéramos imitar el ejemplo de Jesús, pero no lo hacemos. Y en vez de preguntar a Dios si hay otro camino,

- nos rebelamos,
- nos airamos,
- cuestionamos Su bondad,
- reaccionamos como si algo extraño nos estuviera pasando,
- acusamos a Dios de injusto. Y finalmente,
- nos alejamos de Dios y del pueblo de Dios y hasta tomamos un período de vacaciones de la vida cristiana para vivir la vida anterior hasta que regresamos en arrepentimiento más tarde.

Jesús pregunta si es posible que pase de Él esa copa. En esa frase hay dos elementos eminentemente judíos:

- La frase «si es posible» expresa un reconocimiento de Dios como Soberano y en control de nuestras vidas y decisiones, muy típico de los creyentes del Antiguo Testamento.

- La frase, «esta copa» es una metáfora judía que hace referencia a cualquier situación que Dios tenga guardada para nosotros.

En el Salmo 23, la frase «mi copa está rebosando» hace referencia a algo bueno, pero cuando los profetas de Dios hablaron de «la copa de la ira de Dios» hacían referencia al juicio que vendría. Como Jesús sería el receptor de la ira de Dios por el pecado de los hombres, entonces Él pregunta si era posible que esa copa pasara de Él. Esta es una razón más por la que algunos opinan que esta oración de Jesús tiene una gran influencia del judaísmo. De hecho, Jesús celebró horas antes de Su muerte la última Pascua judía.

Esta oración de Jesús no solamente nos enseña cómo orar, sino que también nos enseña el amor infinito de Dios para con nosotros. Tanto amó Dios al mundo que nos dio a Su Hijo (Juan 3:16); y Jesús murió a Su voluntad para dar paso a la voluntad del Padre para que finalmente tanto el Padre como el Hijo nos enviaran el Espíritu Santo, quien vendría a cambiar nuestra voluntad pecaminosa y rebelde por una voluntad sometida y santa. Jesús expresa Su necesidad e inmediatamente reconoce la soberanía de Dios al decir, que se haga tu voluntad y no la mía. La oración que Jesús hizo en Getsemaní representa una oración de renuncia. Jesús sabía que el propósito de la oración no es cambiar la voluntad perfecta de Dios.

El Espíritu nos dirige en la oración porque la oración es el medio a través del cual Dios nos lleva a ponernos de acuerdo con Su voluntad y con Sus propósitos como vemos en Getsemaní en la oración de Jesús. La oración es el vehículo a través del cual Dios cultiva nuestra relación con Él. La oración no es un ejercicio para devengar beneficios; más bien fue diseñada para cultivar mi vida de fe en el Dios que conozco por medio de Su Palabra.

El propósito número uno de la oración es ser ayudado por el Espíritu para entrar en Sus propósitos y luego experimentar Su poder y participar en Su gloria. El impulso primario de nuestra oración no debe ser lo que está en nuestro corazón, sino lo que está en el corazón de Dios.

Por tanto, el mensaje que viene desde arriba siempre es más importante que el mensaje que sube desde nuestro corazón hacia arriba. La oración es parte de la columna vertebral para el trabajo de la iglesia.

La oración amplía el foco de la cámara para ver más de lo que estaba viendo y otras veces cierra el foco de la cámara para enfocarnos en algo que necesita más atención.

Jesús estuvo en Getsemaní y allí entregó la última fibra de Su voluntad.

El creyente ha sido llamado a renunciar a su vida. Ya el Señor Jesús había enseñado: «...Si alguien quiere seguirme, niéguese a sí mismo, tome su cruz cada día y sígame» (Luc. 9:23). La Nueva Traducción Viviente lo dice de esta manera: «Si alguno de ustedes quiere ser mi seguidor, tiene que abandonar su propia manera de vivir, tomar su cruz cada día y seguirme». Nunca ha sido diferente:

Abraham renunció a su hijo, cuando casi lo sacrifica.

Moisés renunció a la tierra prometida después de orar a Dios y le sirvió hasta ese entonces en sumisión.

Ana renunció a su hijo, al único que tenía y lo entregó a Elí, el sacerdote, para que lo criara.

Lucas renunció a su profesión.

Pablo renunció a su salud o a su libertad (aguijón).

Dios no tiene ningún problema con que expresemos en oración nuestras dudas, temores, preocupaciones y desilusiones. El problema comienza a aparecer cuando deseo que Dios me conceda lo que pido y lo que entiendo que me hará sentir bien, en vez de pedir que Dios permita que ocurra aquello que Él entiende que resultará en un bien mayor y que no necesariamente es lo que entiendo que me hará sentir mejor.

Y muchos hijos de Dios viven para sentirse mejor, en vez de vivir para ser mejores, aun después de años de instrucción de la Palabra de Dios. Él nos trajo a la vida para llenarnos de propósito, de sentido y de significado. Y si llevamos a cabo Sus propósitos, a Su manera, en Su tiempo y para Su gloria, Él nos llenará de gozo, y entonces tendremos sentimientos como jamás habíamos experimentado.

El ser humano y aun el creyente vive en medio de una lucha continua entre la voluntad humana y la voluntad de Dios.

Esa lucha debe perecer de una vez y para siempre; y si no lo puedes hacer de esa manera, entonces, esa lucha debe terminar todos los días al despertar en la mañana. Necesitas morir cada día a lo que deseas y que no puedes tener para abrazar lo que Dios quiere darte. Creo que quizás algunos o muchos tienden a someterse una vez o a aceptar alguna condición, pero luego continúan caminando con la idea de que al haberlo hecho una vez, ya se han ganado cierto mérito y que por tanto, Dios debiera dejarlos ganar en una próxima ocasión.

Cuando la oración está centrada en Dios hay fervor para pedir lo que Dios quiere, para pedir que la gracia de Dios nos asista para someternos y para orar por fortaleza para llevar a cabo Su propósito sabiendo que:

- Es Su propósito que se hará.
- Es Su propósito que perdurará.
- Es Su propósito que se celebrará... en la eternidad.
- Es Su propósito que desearás en la próxima vida. Y
- Es Su propósito que traerá gozo a tu vida en esta vida y en la venidera.

Eso es lo que Getsemaní representa para nosotros. Muy pocos creyentes han estado en Getsemaní. Si sigo la ilustración de lo que pasó ese día, creo que muchos han estado en los alrededores de Getsemaní como los ocho discípulos que Jesús dejó a un lado para seguir con solo tres de ellos. Otros se han acercado un poco más, como lo hicieron los otros tres. Pero muy pocos han llegado hasta lo que es el verdadero Getsemaní. Cuando vivimos luchando con la voluntad de Dios, no hemos llegado a Getsemaní. Quizás estamos en sus alrededores.

Pero Dios nos quiere en la entrega completa y absoluta de la última fibra de nuestra voluntad. La vida es mucho más fácil después de una experiencia de Getsemaní. Fue en Getsemaní donde Jesús sudó gotas de sangre; de ahí en adelante, ya no hay más expresión de incertidumbre o de tristeza a pesar de que el dolor físico sería mucho más intenso. No encontramos a Cristo sudando gotas de sangre en la cruz. La sangre que derrama es de Sus heridas. Él sudó gotas de sangre en Getsemaní. Allí fue la lucha, en Getsemaní. Tú no escuchas a Cristo en la cruz tratando de decir «Señor, si es posible bájame de este madero». ¡No! Ya la lucha había pasado. Él había llegado al último lugar donde lo había entregado todo.

Getsemaní es un lugar de muerte, de muerte del «yo». Solo entonces podremos orar de una manera que glorifique a Dios.

Jesús ilustró esto muy bien en Su vida y al vivirla nos dejó el patrón a seguir en la vida cristiana: «En verdad les digo que, si el grano de trigo no cae en tierra y muere, se queda solo; pero si muere, produce mucho fruto» (Juan 12:24). En Getsemaní entregamos:

- nuestro orgullo,
- nuestra autosuficiencia,
- nuestra autojusticia,
- nuestros temores,
- nuestras inseguridades,
- nuestra defensa,
- nuestras pasiones y
- nuestras quejas.

Nuestras quejas reflejan la falta de aceptación de la voluntad divina para nosotros. Las circunstancias que vivimos en el día a día: las buenas, las malas y las no tan buenas son todas partes de la voluntad de Dios.

Quejarnos no solamente da un mal testimonio, sino que agrava nuestra situación porque revela la rebelión contra algo que Dios ha dispuesto para nosotros, pero que no aceptamos.

Hasta que no renuncie a mi voluntad, siempre viviré insatisfecho y quejándome. Y hasta que no renuncie a mi voluntad, siempre viviré pensando que el césped del patio de mi vecino es más verde que el mío.

Algunos han concluido erróneamente: tenemos que escoger entre hacer nuestra voluntad y ser felices o escoger la voluntad de Dios y ser infelices. El apóstol Pablo estaba consciente de lo importante que es para el creyente conocer la voluntad de Dios. Si no conoces Su voluntad, no puedes obedecerla. Por esta razón, Pablo escribió a los colosenses en 1:9:

«Por esta razón, también nosotros, desde el día que lo supimos, no hemos cesado de orar por ustedes, pidiendo que sean llenos del conocimiento de Su voluntad en toda sabiduría y comprensión espiritual».

La petición de Pablo fue que los colosenses fueran llenos del conocimiento de la voluntad de Dios con sabiduría y comprensión espiritual. La pregunta sería, ¿cuál es el beneficio de conocer esa voluntad? La respuesta la provee el próximo versículo: «para que anden como es digno del Señor, haciendo en todo, lo que le agrada, dando fruto en toda buena obra y creciendo en el conocimiento de Dios» (Col. 1:10).

Estar lleno de Su voluntad resulta en tres bendiciones:

- **Mi santificación**: «para que anden como es digno del Señor».
- **Mi fructificación**: «dando fruto en toda buena obra».
- **Mi conocimiento de quien es Él**: «y creciendo en el conocimiento de Dios».

No conocer ni entender la voluntad de Dios para el creyente no es algo insignificante. Pablo escribió a los efesios y les dijo: «Así pues, no sean necios, sino entiendan cuál es la voluntad del Señor» (Ef. 5:17). Una persona insensata es irresponsable, irreflexiva, terca, etc. Así somos cuando actuamos fuera de Su voluntad.

Ignorar Su voluntad nos coloca en una posición de riesgo.

Cada creyente necesita un Getsemaní. Si quieres experimentar victoria en la vida cristiana, no puedes retener tus derechos, tu posición, tu lugar y querer obedecer la voz de Dios al mismo tiempo. La renuncia no es un acto de un momento, es una forma de vivir. La renuncia no es una decisión, es una serie de decisiones a diario.

Al traer este capítulo a una conclusión, permíteme leerte una oración anónima de uno de los puritanos del pasado que refleja nuestra esencia:

«Cuando Tú quieres guiarme, quiero dirigirme a mí mismo; siendo Tú soberano, quiero regularme a mí mismo.

Cuando Tú quieres cuidar de mí, quiero cuidarme a mí mismo.

Cuando debiera depender de tu provisión, decido suplirme a mí mismo.

Cuando debiera estudiarte, honrarte y confiar en Ti, me sirvo a mí mismo.

Me quejo contra tus preceptos y le encuentro faltas para mi provecho.

En vez de buscar tu aprobación, he buscado la aprobación de los hombres, y por naturaleza soy idolatra...».

La oración cierra con esta frase:

«Señor, es mi deseo número uno, traer mi corazón de nuevo a Ti».

ORACIONES POR LA IGLESIA

Capítulo 8

Orando con el Hijo para la gloria del Padre

En Su iglesia y en el mundo

Estas cosas habló Jesús, y alzando los ojos al cielo, dijo: «Padre, la hora ha llegado; glorifica a Tu Hijo, para que el Hijo te glorifique a Ti, por cuanto le diste autoridad sobre todo ser humano, para que Él dé vida eterna a todos los que le has dado. Y esta es la vida eterna: que te conozcan a Ti, el único Dios verdadero, y a Jesucristo, a quien has enviado. Yo te glorifiqué en la tierra, habiendo terminado la obra que me diste que hiciera. Y ahora, glorifícame Tú, Padre, junto a Ti, con la gloria que tenía contigo antes que el mundo existiera.
Juan 17:1-5

Quiero invitarte a que me acompañes a explorar la oración más extraordinaria de toda la Biblia. En los evangelios encontramos múltiples momentos en los que Jesús aparece orando de diversas maneras, pero en muy pocas ocasiones se revela el contenido de Su oración, lo cual no es el caso en esta instancia.

Juan 17 es mi capítulo favorito de toda la Biblia. Este Evangelio es muy peculiar en varios aspectos. Uno de ellos es la manera en que Juan revela la divinidad de Jesús de una forma clara y única, como ningún otro evangelista. Otro aspecto que hace de este un evangelio especial es que Juan dedica aproximadamente dos tercios de su narración a la última semana de Jesús. Además, Juan destina cinco capítulos para relatar toda la conversación que tuvo lugar en el aposento alto, horas antes de la crucifixión de Cristo.

En el contexto de esta narración, encontramos la oración que comenzaremos a estudiar ahora y cuyo contenido tomará tres capítulos para desglosar completamente. Hay varios aspectos que hacen de esta oración no solo algo especial, sino verdaderamente excepcional:

1. Quién hace la oración.
2. Cuándo hace la oración.
3. Qué pide en la oración.
4. Qué motivó la oración.
5. Qué se revela acerca de Jesús y del Padre en la oración.

Juan Calvino decía que Dios nos habla a través de la Biblia con un lenguaje fácil de entender, como dirigido a niños, porque de lo contrario Su infinita sabiduría y conocimiento sobrepasaría nuestra capacidad humana.[26] Pero cuando Jesús le habló al Padre, no observamos una conversación de niños. A pesar de que las palabras usadas son sencillas y comprensibles para nosotros, su contenido fue extremadamente profundo, como cabría esperar en un diálogo intertrinitario.

James Montgomery Boice, uno de los grandes predicadores del siglo pasado, en su comentario bíblico del Evangelio de Juan, cita lo que varios eruditos escribieron con relación a la oración de Jesús. Melanchton, el amigo y ayudante de Lutero, dijo que: «No se ha oído ninguna voz en los cielos o en la tierra, más exaltada, más santa, más fructífera, más sublime que la oración ofrecida por el Hijo a Dios mismo».[27]

Por otro lado, F. F. Bruce comenta que: «John Knox hizo que su esposa le leyera esta oración diariamente en los días finales de su vida,

---

[26] James Montgomery Boice, *The Gospel of John*, vol. 4 (Grand Rapids: Baker books, 1985), pág. 1245.

[27] Ibid., pág. 1247

porque sobre esta oración él lanzaba su ancla».[28] Montgomery escribió que de la misma forma que Moisés se quitó las sandalias cuando Dios le habló desde la zarza ardiendo, asimismo nosotros debemos bajar la cabeza en señal de reverencia para oír a Jesús orando al Padre.[29]

Quién hace la oración

«Estas cosas habló Jesús, y alzando los ojos al cielo, dijo: "Padre, la hora ha llegado; glorifica a Tu Hijo, para que el Hijo te glorifique a Ti, por cuanto le diste autoridad sobre todo ser humano, para que Él dé vida eterna a todos los que le has dado. Y esta es la vida eterna: que te conozcan a Ti, el único Dios verdadero, y a Jesucristo, a quien has enviado. Yo te glorifiqué en la tierra, habiendo terminado la obra que me diste que hiciera. Y ahora, glorifícame Tú, Padre, junto a Ti, con la gloria que tenía contigo antes que el mundo existiera» (Juan 17:1-5).

En la primera frase, Juan dice: «Estas cosas habló Jesús» (v. 1). La oración es pronunciada por Jesús, quien, al alzar los ojos al cielo, se dirige al Padre con profunda reverencia y confianza. En este momento crucial, Jesús, como el Hijo de Dios, ora pidiendo que el Padre lo glorifique para que Él pueda, a su vez, glorificar al Padre. Pero inmediatamente surge una pregunta: ¿A qué «cosas» se refiere Jesús? Él había estado hablando con Sus discípulos en el aposento alto acerca de la necesidad de servirse unos a otros; acerca de la prioridad del amor; acerca de Su sufrimiento y partida para ascender al Padre; acerca de la necesidad de que el Espíritu Santo viniera a tomar Su lugar para ayudarlos a realizar la tarea que les había encomendado; y acerca de la necesidad de permanecer en la vid, porque separados de Él nada podrán hacer.

«Y alzando los ojos al cielo, dijo: "Padre..."». Jesús se dirige a Dios llamándolo Padre, un título de honor que implica la confianza de un hijo hacia su padre y refleja una reverencia profunda, demostrando nuevamente Su completa sumisión al Padre que lo envió para cumplir

---

[28] F. F. Bruce, *The Gospel & Epistles of John* (Grand Rapids: W.B. E. Publishing Company, 1983), pág. 328.

[29] James Montgomery Boice, *The Gospel of John*, vol. 4 (Grand Rapids: Baker Books, 1985), pág. 1247.

una misión. El título de Padre no tiene nada de superficial, irreverente o trivial. Este es un aspecto que el pueblo de Dios necesita recuperar hoy: la necesidad de tratar a Dios con reverencia. Desde el Antiguo Testamento, Dios ha revelado que debía ser tratado como Santo delante de Su pueblo (Lev. 10:3).

Cuándo hace la oración

«La hora ha llegado». ¿A qué hora se refería Jesús? A la hora de Su crucifixión, a la hora de completar de una vez por todas la misión que el Padre le había encomendado, la hora de Su glorificación. Esta es la hora de la que el Padre, el Hijo y el Espíritu Santo habían hablado antes de que comenzaran los tiempos, y que habían determinado como el momento y la forma en que Jesús redimiría a la humanidad. Por eso, el apóstol Juan escribió que Cristo fue inmolado desde antes de la fundación del mundo, porque Dios sabía de antemano que el hombre caería (Apoc. 13:8).

En varias ocasiones, Jesús dijo que Su hora no había llegado aún (comp. Juan 2:4, 7:6, 7:8, 7:30, 12:23, 12:27, 13:1, 16:32).[30] Pero ahora, Su hora había llegado. Los discípulos no entendían a qué se refería con esas palabras, pero cuando observamos el contexto de este relato, entendemos que aludía al momento en que sería ofrecido como sacrificio para el perdón de los pecados. Él había venido al mundo para ese momento particular, tal como lo escribió el apóstol Pablo: «Pero cuando vino la plenitud del tiempo, Dios envió a Su Hijo, nacido de mujer, nacido bajo la ley» (Gál. 4:4). Dios orquestó la historia de naciones seculares y del pueblo hebreo de manera que, llegado el momento preciso, la historia del pueblo de Dios y la del Imperio romano se cruzaran (Hech. 4:27-28). Esa fue la hora a la que Jesús se refirió en Su oración.

---

[30] León Morris, *Reflections on the Gospel of John*, vol. 4 (Grand Rapids: Baker Books, 1988), pág. 567.

Qué pide en la oración

«Glorifica a Tu Hijo, para que el Hijo te glorifique a Ti». Esta es la única petición que Jesús hizo para sí mismo. Es impresionante considerar que a pocas horas de una muerte cruel y de ser abandonado por Sus discípulos, e incluso por el Padre, Jesús no pidió por nada para sí; Su mayor anhelo fue glorificar al Padre, aun en medio de Su sufrimiento.

El concepto de la gloria de Dios es fundamental para Juan. Él menciona la palabra «gloria» como sustantivo al menos dieciocho veces en su Evangelio, y como verbo «glorificar» unas veintitrés veces.[31] En esta oración hecha por Jesús, la palabra «gloria» aparece alrededor de ocho o nueve veces, lo que muestra que este es un tema central para Él, incluso al final de Sus días.

El Hijo había glorificado al Padre:

- con el mensaje que trajo al mundo;
- con las obras que realizó;
- con la vida que vivió en completa sumisión;
- y por la manera en que reveló al Padre, ya que vino para eso.

Pero ahora, el Hijo se dispone a glorificarlo a través de Su muerte. León Morris, en su comentario sobre Juan, nos dice que normalmente pensamos en la palabra «gloria» como algo relacionado con lo sublime, lo excelso, lo grandioso. Sin embargo, Morris señala que en el Evangelio de Juan, con frecuencia «gloria» adquiere otra connotación y se refiere a exaltar a Dios en la humillación, el dolor, la carencia, la soledad, y especialmente en el momento de morir.

Por eso, el apóstol Pablo escribió que su único anhelo era que «Cristo sea exaltado en mi cuerpo, ya sea por vida o por muerte» (Fil. 1:20). Últimamente, esa ha sido mi oración, y debe ser también la tuya, porque esa fue, en otras palabras, la misma petición de Cristo al enfrentar la muerte. Cristo no fue enviado solamente para darnos un boleto de

---

[31] Ibid.

entrada a la gloria, como muchos suelen entender la salvación. ¡No! Cristo fue enviado para que, habiendo recibido ese «boleto» podamos glorificar al Padre durante toda nuestra vida a través de un camino hacia la santificación y la obediencia.

En ocasiones hemos oído a alguien decir: «Dios se va a glorificar en esta enfermedad», luego de haber recibido un diagnóstico de una enfermedad terminal. Al decir esto, muchos lo hacen pensando que Dios sanará a esa persona. Pero rara vez consideramos que Dios puede glorificarse tanto en la sanación como en la enfermedad, e incluso en la muerte de la persona. Este fue el caso de Jesús, quien buscó la gloria del Padre no solo en Su vida, sino también en Su muerte. Y fue en ese momento cuando Jesús glorificó mejor al Padre, porque el Hijo decidió obedecer hasta la misma muerte.

¿Quieres saber cuál es la mejor forma de glorificar a Dios? Entonces vive una vida de total sumisión a Sus propósitos, independientemente del dolor y las circunstancias. La mayoría de nosotros estamos dispuestos a glorificar a Dios desde la cima del éxito, desde la abundancia, desde una vida saludable o desde una iglesia durante un tiempo de adoración. Pero Dios busca hombres y mujeres dispuestos a glorificarlo desde la enfermedad, desde situaciones difíciles, desde la escasez, e incluso desde la muerte, como lo hizo Su Hijo.

Glorificar a Dios implica exaltar Sus atributos; es reconocer Su honor, exaltar Sus obras; es hablar de Dios de una forma que lo haga lucir como el ser más encumbrado del universo y único en su clase hasta el punto de llevar a otro a tener una opinión exaltada acerca de Dios. Pero, ¿cómo vamos a exaltar Su poder, que se perfecciona en la debilidad, si no atravesamos la debilidad? Exaltar Sus cualidades implica proclamarlas en medio de las dificultades y confiar en Su gracia y misericordia aun en medio del dolor, de modo que Su fidelidad brille ante los ojos de los hombres.

Qué motivó la oración

Ser glorificado por el Padre fue solo Su motivo de oración, pero no la motivación de Su petición. En cierta medida, Jesús estaba pidiendo ser empoderado por el Espíritu Santo para glorificar al Padre; para ir a la cruz sin pecar y ganar para nosotros el perdón de pecados y la garantía de la promesa. Jesús estaba pidiendo que el Padre glorificara al Hijo, pero con la intención expresa de que el Hijo pudiera glorificar al Padre y llegar hasta la cruz en completa obediencia. De esa manera, Jesús, habiendo sido ungido por el Espíritu, terminaría Su misión en la tierra sin pecar y al ofrecerse en la cruz, ganaría para nosotros el perdón de pecados y la garantía de la promesa.[32] La única petición de Jesús en Su oración, no estaba centrada en sí mismo. Estaba centrada en la gloria del Padre. De la misma manera, nosotros debemos aprender a orar.

Tendemos a pedir a Dios que resuelva nuestros problemas, pero Él desea resolverlos a Su manera y en Su tiempo, de tal forma que, cuando estos problemas sean solucionados, Dios sea glorificado y manifestado:

- en Su gracia,
- en Su misericordia,
- en Su poder sustentador,
- en Su sabiduría,
- en Su providencia,
- en Su soberanía.

Las cosas no son tan simples como parecen. Resolver los problemas a mi manera no glorifica a Dios. Un claro ejemplo es el apóstol Pablo, quien pidió tres veces que Dios quitara su aguijón, pero Dios no lo hizo. La gloria de Dios no estaba en la remoción del aguijón, sino en permitir que permaneciera para que Su poder se manifestara en la debilidad (2 Cor. 12:8-9). La cruz fue el momento de mayor debilidad de Cristo,

---

[32] D. A. Carson, *The Gospel According to John* (Grand Rapids: W. B. Eerdmans Publishing Company, 1991), pág. 554-557.

pero al mismo tiempo fue allí donde la gracia, la misericordia y la justicia de Dios se encontraron en una sola persona y en un solo evento. En la cruz, Cristo reveló la fidelidad del Padre hacia aquellos que Él había elegido desde la eternidad pasada. Fue allí donde Jesús demostró que era capaz de vivir y morir sin pecado; allí mostró cómo es posible amar incluso a tus enemigos; allí fue la hora de Su glorificación.

El erudito bíblico J. C. Ryle lo dijo de esta manera:

> La crucifixión trajo gloria al Padre. Glorificó Su sabiduría, fidelidad, santidad, y amor. Lo mostró sabio al proveer un plan por medio del cual Él pudiera ser justo y al mismo tiempo ser el que justifica al pecador. Lo mostró fiel al cumplir Su promesa de que la simiente de la mujer heriría la cabeza de la serpiente. Lo mostró santo al requerir que las demandas de la ley fueran satisfechas por nuestro gran Sustituto. Lo mostró amoroso al proveer un Mediador como el Redentor y a un amigo para el hombre pecador que es Su Hijo, eterno.
>
> La crucifixión trajo gloria al Hijo, revelando Su compasión, Su paciencia y Su poder. La cruz mostró Su compasión al morir por nosotros y sufrir en nuestro lugar, y al hacerse pecado y maldición por nosotros, comprando nuestra redención con el precio de Su propia sangre. Mostró Su paciencia al no morir una muerte común como la de la mayoría de los hombres, sino al someterse voluntariamente a dolores y agonías indescriptibles, inimaginables para cualquier mente humana, cuando en realidad, con una sola palabra, Él pudo haber convocado a los ángeles del Padre y haber sido liberado. Mostró Su poder al sostener el peso de las transgresiones del mundo y al derrotar a Satanás, despojándolo de su presa.[33]

[33] J. C. Ryle, *Expository Thoughts on John*, vol. 3 (Grand Rapids: Baker Book House, 2007, reprinted), bajo Juan 13: 31-38, pág. 40-41.

Qué se revela acerca de Jesús y del Padre en la oración

La oración de Jesús nos revela Su autoridad otorgada por el Padre para dar vida eterna a los elegidos, como también Su misión de glorificar al Padre y revelar Su carácter.

«Por cuanto le diste autoridad sobre todo ser humano, para que Él dé vida eterna a todos los que le has dado» (Juan 17:2). Este texto, en el idioma original, se puede traducir literalmente: «le diste autoridad sobre toda *carne*». La palabra *carne* puede tener diferentes significados. En este caso, hace alusión a los seres humanos. Ciertamente a Cristo le fue dada autoridad sobre toda *carne* en la eternidad pasada. Dios Padre le dio autoridad para orquestar la vida del hombre; le dio autoridad sobre las naciones de la tierra y sus gobernantes y le dio autoridad para juzgar al hombre. Pero en el contexto de la oración, Cristo no está hablando de este tipo de autoridad, sino de la autoridad otorgada por Dios para dar vida eterna a un grupo de personas elegidas por el Padre en la eternidad pasada.

Desde el punto de vista humano, pasamos a ser posesión del Hijo el día que lo recibimos como Señor y Salvador; pero desde el punto de vista de Dios, ya habíamos sido entregados a Cristo en la eternidad pasada como parte de la elección divina para recibir la vida eterna.[34] Por esta razón, en el libro de los Hechos encontramos un episodio revelador. Pablo estaba predicando el evangelio en la ciudad de Antioquía, y después de su mensaje, ocurrió algo notable: «Oyendo esto los gentiles, se regocijaban y glorificaban la palabra del Señor; y creyeron cuantos estaban ordenados a vida eterna» (Hech. 13:48). Todos escucharon el mensaje, pero solo un grupo creyó, y ese grupo creyó porque Dios ya los había ordenado para vida eterna.

En Juan 17, Cristo se refiere a este mismo grupo de personas que el Padre le dio al Hijo no menos de siete veces (comp. Juan 17:2, 6, 9, 11, 12 y 24). Si bien es cierto que Cristo es un regalo que Dios Padre nos

---

[34] Warren Wiersbe, *The Bible Expository Commentary* (Wheaton: Victor Books, 1989), pág. 368.

ha dado a nosotros —porque «tanto amó Dios al mundo que nos dio a Su unigénito»—, también es cierto que nosotros representamos un regalo o una ofrenda de amor del Padre hacia el Hijo. Piensa por un momento: ¿qué podía el Padre darle al Hijo cuando, en Su divinidad, el Hijo ya lo tenía todo?

Pues bien, Dios Padre decidió darle:

- una humanidad redimida,
- conformada a Su imagen,
- para que lo glorificara por toda la eternidad.

Así como el tema de la gloria es fundamental para Juan, de igual manera lo es el tema de la vida eterna. Según los eruditos bíblicos, el término *vida eterna* en el Evangelio de Juan nos habla más bien de la *calidad* de la vida, que de la *longitud* de la vida. Literalmente significa «vida de la era que ha de venir», y es una vida que el creyente comienza a disfrutar desde que pone su fe en Cristo como Señor, y no desde su entrada a la gloria como muchos piensan.

«Y esta es la vida eterna: que te conozcan a Ti, el único Dios verdadero, y a Jesucristo, a quien has enviado» (v. 3). En este pasaje, Jesús no está hablando de la vida eterna como simplemente vivir en el reino venidero ni se refiere exclusivamente al perdón de pecados en Cristo. El evangelio es el mensaje que lleva a la vida eterna, pero el que disfruta de la vida eterna —que, como mencionamos, se relaciona más con la calidad de vida que con su duración— debe conocer a Dios Padre y a Jesucristo, quien fue enviado por Él.

Esta vida de gozo, propósito, significado, paz y satisfacción, libre de dolor, muerte y lágrimas, solo puede experimentarse en Cristo. Él vino para revelar al Padre, por lo tanto, conocer a Cristo es conocer al Padre. Cuando Jesús habla de conocerlo, no se refiere simplemente a obtener conocimiento sobre Él. Eso es solo información, y hasta Satanás y sus demonios poseen ese tipo de conocimiento. No se trata de un conocimiento teórico, sino práctico y transformador. Este conocimiento influye en nuestro estilo de vida y es existencial, ya que afecta toda nuestra existencia. Conocer verdaderamente a Dios es amarlo, confiar en Él, servirle y reflejarlo en nuestra vida.

Muchas personas conocen al Padre y al Hijo doctrinalmente, pero no los conocen de manera existencial porque no viven conforme a la doctrina que conocen acerca del Padre y del Hijo, ni practican lo que saben sobre el Espíritu Santo. Para conocer al Padre es necesario ir a través del Hijo. En Juan 10, Cristo llama ladrón y salteador a cualquiera que intente llegar al Padre sin pasar por Él. Además, Cristo enseña que Su glorificación no terminó en la cruz, sino que continuó hasta que fue sentado en los lugares celestiales. Después de Su ascensión, el Padre y el Hijo enviaron al Espíritu Santo, quien nos ayuda a conocer tanto al Padre como al Hijo.

Podemos ver ahora la relación entre el disfrute de la vida eterna y cada miembro de la Trinidad. Una vez más, Cristo dice: «Y esta es la vida eterna: que te conozcan a Ti, el único Dios verdadero, y a Jesucristo, a quien has enviado» (Juan 17:3). Pero nadie puede conocer al Padre si no es a través de Cristo, porque Jesús vino a revelar al Padre. Al mismo tiempo, Cristo debía ascender para que el Espíritu Santo viniera, ya que es por medio del Espíritu que podemos conocer tanto al Padre como al Hijo.[35]

Cristo retoma el tema de la gloria y dice: «Yo te glorifiqué en la tierra, habiendo terminado la obra que me diste que hiciera. Y ahora, glorifícame Tú, Padre, junto a Ti, con la gloria que tenía contigo antes que el mundo existiera» (vv. 4-5). El Padre le había encomendado al Hijo la salvación de un grupo de personas elegidas desde la eternidad pasada. Para que esto ocurriera, el Hijo debía encarnarse, obedecer la ley perfectamente, enseñar solo lo que el Padre le había encomendado, y vivir una vida de continua sumisión y obediencia para la gloria de Dios Padre. Esto es lo que llamamos en teología Su obediencia activa.

Luego, Cristo debía ir a la cruz y morir allí, cargando con nuestros pecados y muriendo en nuestro lugar, después de haber sido llevado como oveja al matadero. Esto es lo que se conoce como Su obediencia pasiva. Cristo fue enviado por el Padre para:

---

[35] A.W. Pink, *Exposition of the Gospel of John* (Grand Rapids: Zondervan, 1975), págs. 914-15.

- Cumplir cada profecía hecha en el Antiguo Testamento acerca de Su primera venida.[36]
- Dejarnos un ejemplo para que siguiéramos Sus pisadas. Y ahí están Sus huellas.
- Dar testimonio de la verdad; la proclamó y la vivió.
- Revelar al Padre y lo hizo a la perfección.
- Iniciar una iglesia universal y dejó los pilares de ella entrenados por Él.
- Cerrar un pacto e iniciar un segundo y mejor pacto en Su sangre. Y lo firmó en la cruz y lo selló en la resurrección.

En realidad, Jesús completó la obra que le había sido encomendada. Aunque aún le quedaban algunas horas de vida y debía enfrentar dolorosas experiencias, ora dando por hecho que esa obra se completará en el futuro cercano, por eso declara: «Habiendo terminado la obra que me diste que hiciera» (v. 4).

Observemos que Cristo, al terminar Su vida, no dice: «Padre, sané a todos los enfermos» ni «Padre, alimenté a todos los hambrientos», ni «Salvé a todos los que podía salvar». Más bien afirma: «Terminé la obra que Tú me diste que hiciera». No hizo menos, pero tampoco hizo más. Nosotros solo somos responsables de hacer aquello que Dios ha determinado que hagamos. Algunos han sido enviados a plantar, otros a regar y otros a cosechar. Y como bien dice la Escritura, algunos de nosotros estamos cosechando donde no habíamos sembrado.

El versículo 5 contiene la misma petición del versículo 1, donde el Hijo pide al Padre que lo glorifique. Ahora, sin embargo, el Hijo le solicita al Padre que le devuelva la gloria que Él tenía junto a Él antes de que el mundo existiera. Antes de la encarnación, Cristo poseía todos los atributos de la divinidad, y Su gloria podía irradiar al punto de cegar a los hombres. Sin embargo, Su encarnación —Su cuerpo humano— actuó como un velo que cubrió Su gloria, sin que Él perdiera ninguno de Sus atributos.

---

[36] https://www.gotquestions.org/prophecies-of-Jesus.html

De esta forma, la humanidad de Cristo (Su «uniforme humano») permitió que las personas se acercaran a Él sin temor. En Cristo, el hombre pudo ver a Dios cara a cara, algo que Moisés no pudo experimentar.

Ahora que Cristo regresa al Padre, le pide que le devuelva toda Su gloria, todo Su esplendor y todos Sus privilegios. Pero, como bien señala F. F. Bruce en su comentario sobre Juan, la gloria que Cristo tenía antes de Su encarnación fue amplificada después de Su resurrección, porque Su gloria sería compartida con todos los redimidos de todas las épocas y de toda tribu, lengua y nación.[37] Podemos ver cómo el Padre glorificó al Hijo en el último caso al leer Filipenses 2:9-11:

> «Por lo cual Dios también lo exaltó hasta lo sumo, y le confirió el nombre que es sobre todo nombre, para que al nombre de Jesús se doble toda rodilla de los que están en el cielo, y en la tierra, y debajo de la tierra, y toda lengua confiese que Jesucristo es Señor, para gloria de Dios Padre».

¿Qué dice tu oración de ti?

Si Cristo, la segunda Persona de la Trinidad, con autoridad sobre toda carne, vino exclusivamente para hacer la voluntad del Padre, es evidente que esa debe ser nuestra motivación de vida. Esto dijo Cristo:

- «He venido... para hacer, oh Dios, Tu voluntad» (Heb. 10:7).
- A los 12 años, estando en el templo, dijo a Sus padres: «¿No sabían que en los asuntos de mi Padre me es necesario estar?» (Luc. 2:49, RVA2015).
- «Mi comida es hacer la voluntad del que me envió y llevar a cabo Su obra». (Juan 4:34).
- «... no busco Mi voluntad, sino la voluntad del que me envió» (Juan 5:30).

---

37 F. F. Bruce, *The Gospel & Epistles of John* (Grand Rapids: W. B. E. Publishing Company, 1983), pág. 330.

- «Porque he descendido del cielo, no para hacer Mi voluntad, sino la voluntad del que me envió» (Juan 6:38).
- En Getsemaní: «... no se haga Mi voluntad, sino la Tuya» (Luc. 22:42).

Puedes esforzarte en vivir según tu propia voluntad, pero esa vida carecerá de la calidad de la vida eterna de la que hemos hablado. Será una vida llena de quejas, ya que nuestras quejas a menudo revelan nuestra insatisfacción con la voluntad de Dios. O bien, puedes hacer tu mejor esfuerzo para vivir en el centro de Su voluntad y glorificar a Dios, ya sea en vida o en muerte.

Mi vida no se trata de mí en primer lugar; solo Su gloria tiene valor. Una vida fuera de Su voluntad es como un barco a la deriva, sin rumbo fijo. No me preocupa si Su voluntad me lleva a la tumba, porque pronto dejaré esa tumba vacía, como Él lo hizo. Esa idea llevó a Pablo a escribir, «conforme a mi anhelo y esperanza de que en nada seré avergonzado, sino que con toda confianza, aun ahora, como siempre, Cristo será exaltado en mi cuerpo, ya sea por vida o por muerte. Pues para mí, el vivir es Cristo y el morir es ganancia. Pero si el vivir en la carne, esto significa para mí una labor fructífera, entonces, no sé cuál escoger. Porque de ambos lados me siento apremiado, teniendo el deseo de partir y estar con Cristo, pues eso es mucho mejor» (Fil. 1:20-23).

Cuando vives de esta manera, cada momento de tu existencia, cada experiencia y cada circunstancia son evaluadas según cómo afectan la causa de Cristo.

Esta forma de pensar no solo simplifica nuestra vida, sino que la eleva a:

- Otro nivel
- Otra búsqueda
- Otra dimensión
- Otra dirección

Reflexiona sobre tu vida a la luz de lo que acabas de leer y pregúntate con sinceridad si piensas que vives cada día de tu existencia para la gloria de Dios; si Dios forma parte de cada «ecuación» de tu vida; si verdaderamente Él es el factor determinante en todas tus decisiones. Reflexionemos acerca de estas cosas y oremos al Padre en el nombre de Cristo y en el poder del Espíritu para que Él haga realidad todo lo anterior.

Capítulo 9

Orando con el Hijo

Por la misión de Su iglesia en el mundo

He manifestado Tu nombre a los hombres que del mundo me diste; eran Tuyos y me los diste, y han guardado Tu palabra. Ahora han conocido que todo lo que me has dado viene de Ti; porque Yo les he dado las palabras que me diste; y las recibieron, y entendieron que en verdad salí de Ti, y creyeron que Tú me enviaste. Yo ruego por ellos; no ruego por el mundo, sino por los que me has dado; porque son Tuyos; y todo lo Mío es Tuyo, y lo Tuyo, Mío; y he sido glorificado en ellos. Ya no estoy en el mundo, pero ellos sí están en el mundo, y Yo voy a Ti. Padre santo, guárdalos en Tu nombre, el nombre que me has dado, para que sean uno, así como Nosotros somos uno. Cuando Yo estaba con ellos, los guardaba en Tu nombre, el nombre que me diste; y los guardé y ninguno se perdió, excepto el hijo de perdición, para que la Escritura se cumpliera. Pero ahora voy a Ti; y hablo esto en el mundo para que tengan Mi gozo completo en sí mismos. Yo les he dado Tu palabra y el mundo los ha odiado, porque no son del mundo, como tampoco Yo soy del mundo. No te ruego que los saques del mundo, sino que los guardes del maligno. Ellos no son del mundo, como tampoco Yo soy del mundo. Santifícalos en la verdad; Tu palabra es verdad. Como Tú me enviaste al mundo, Yo también los he enviado al mundo. Y por ellos Yo me santifico, para que ellos también sean santificados en la verdad.

Juan 17:6-19

En el capítulo anterior exploramos la primera parte de esta profunda oración de Jesús. Allí se destacan no solo las verdades que reveló acerca de sí mismo y del Padre, sino también el contexto en el que se desarrolló: a pocas horas de ser conducido a la cruz.

En este capítulo, abordaremos la segunda parte de la oración, en la que Jesús intercede específicamente por Sus discípulos presentes con Él en ese momento y, por extensión, también por nosotros. Esto se debe a que las peticiones que Jesús elevó esa noche tienen implicaciones directas para nuestras vidas mientras transitamos por este mundo pasajero, siendo ya ciudadanos del reino de los cielos y del mundo venidero.

Jesús era plenamente consciente de que, en cuestión de horas, dejaría este mundo para regresar al Padre, mientras Sus discípulos permanecerían aquí, encargados de una misión que sería transmitida a todos Sus seguidores hasta Su regreso. Te invito a que leas conmigo el pasaje que estudiaremos a continuación:

> «He manifestado Tu nombre a los hombres que del mundo me diste; eran Tuyos y me los diste, y han guardado Tu palabra. Ahora han conocido que todo lo que me has dado viene de Ti; porque Yo les he dado las palabras que me diste; y las recibieron, y entendieron que en verdad salí de Ti, y creyeron que Tú me enviaste. Yo ruego por ellos; no ruego por el mundo, sino por los que me has dado; porque son Tuyos; y todo lo Mío es Tuyo, y lo Tuyo, Mío; y he sido glorificado en ellos. Ya no estoy en el mundo, pero ellos sí están en el mundo, y Yo voy a Ti. Padre santo, guárdalos en Tu nombre, el nombre que me has dado, para que sean uno, así como Nosotros somos uno. Cuando Yo estaba con ellos, los guardaba en Tu nombre, el nombre que me diste; y los guardé y ninguno se perdió, excepto el hijo de perdición, para que la Escritura se cumpliera. Pero ahora voy a Ti; y hablo esto en el mundo para que tengan Mi gozo completo en sí mismos. Yo les he dado Tu palabra y el mundo los ha odiado, porque no son del mundo, como tampoco Yo soy del mundo. No te ruego que los saques del mundo, sino que los guardes del maligno. Ellos no

son del mundo, como tampoco Yo soy del mundo. Santifícalos en la verdad; Tu palabra es verdad. Como Tú me enviaste al mundo, Yo también los he enviado al mundo. Y por ellos Yo me santifico, para que ellos también sean santificados en la verdad» (Juan 17:6-19).

En esta sección de la oración de Jesús encontramos al menos cinco peticiones específicas a favor de Sus discípulos:

1. «Yo ruego por ellos; no ruego por el mundo, sino por los que me has dado; porque son Tuyos» (v. 9).
2. «Padre santo, guárdalos en Tu nombre, el nombre que me has dado, para que sean uno, así como Nosotros somos uno» (v. 11b).
3. «... hablo esto en el mundo para que tengan Mi gozo completo en sí mismos» (v. 13).
4. «No te ruego que los saques del mundo, sino que los guardes del maligno. Ellos no son del mundo, como tampoco Yo soy del mundo» (vv. 15-16).
5. «Santifícalos en la verdad; Tu palabra es verdad» (v. 17).

Entre estas peticiones, Jesús hace afirmaciones significativas que revelan verdades profundas acerca de los elegidos de Dios, verdades que no conoceríamos si no estuvieran incluidas en esta oración. Primero, Jesús comienza esta sección destacando que Su misión en la tierra incluía revelar al Padre a un grupo específico de personas que el Padre le había entregado. De este grupo, al cual nos referimos en el capítulo anterior, aprendemos nuevas cosas en esta ocasión: «He manifestado *Tu nombre* a los hombres que del mundo me diste» (v. 6, énfasis añadido). Aunque esta expresión puede sonar extraña para nosotros, en el contexto hebreo tiene un significado más claro. En esa cultura, el nombre de una persona estaba intrínsecamente relacionado con su naturaleza o carácter. Cuando Jesús afirma: «He manifestado *Tu nombre* a los hombres que del mundo me diste», está diciendo en esencia: «He revelado quién eres a un grupo específico de personas». Esto se refleja más claramente en la traducción de la NVI: «A los que me diste del mundo les he revelado tu nombre».

Jesús continúa describiendo las características de este grupo de personas. A pesar de sus debilidades y tropiezos, estos primeros discípulos habían recibido Sus enseñanzas, las habían obedecido, aunque imperfectamente, y habían llegado a creer que Jesús había sido enviado por el Padre. Así lo expresa Jesús: «han guardado Tu palabra. Ahora han conocido que todo lo que me has dado viene de Ti; porque Yo les he dado las palabras que me diste; y las recibieron, y entendieron que en verdad salí de Ti, y creyeron que Tú me enviaste» (vv. 6-8). Ese grupo de personas que el Padre entregó al Hijo había llegado a creer, pero su fe aún era inmadura. El Espíritu Santo tenía que venir para ayudarlos a crecer y fortalecerlos, ya que todavía albergaban mucha incredulidad, como sucede también en nosotros.

Jesús amó a Sus discípulos de manera perfecta, a pesar de que su obediencia era imperfecta. Esta realidad nos ofrece consuelo y confianza al considerar las imperfecciones de nuestra propia fe. Lo que nos sostiene en nuestro peregrinaje no es la perfección de nuestra fe, sino la elección soberana de nuestro Padre celestial. Aunque los discípulos tenían dudas sobre la muerte y resurrección de Jesús, Él afirma que ellos «creyeron que Tú me enviaste» (v. 8). Su fe, aunque todavía inmadura, ya era genuina. Con el tiempo, el Espíritu Santo, quien vendría a morar en ellos, junto con las tribulaciones que enfrentaron, terminarían fortaleciendo y madurando su fe.

1) Una petición exclusiva por Sus discípulos

Es así como llegamos a la primera petición de Jesús en esta sección. Una petición profundamente exclusiva: «Yo ruego por ellos; *no ruego por el mundo, sino por los que me has dado*; porque son Tuyos» (v. 9, énfasis añadido). En este momento, Jesús enfoca Su oración únicamente en ese grupo de personas que el Padre le había dado. De manera intencional, declara que no está orando por el mundo. Habrá otro momento para ello, pero en esta ocasión, Su atención está plenamente centrada en Sus discípulos. Es evidente cuánto amor sentía Jesús por ellos, y Su oración exclusiva revela también cuánto los amaba el Padre. Observa cómo se revela el amor del Padre y del Hijo hacia los discípulos. Esto se deduce claramente del siguiente versículo: «y todo lo Mío es Tuyo, y lo Tuyo, Mío» (v. 10). Si el Padre los amaba, también el Hijo los amaba, y viceversa.

Luego, Jesús agrega: «y he sido glorificado en ellos». Es interesante notar que no dice que los discípulos lo glorificaron, sino que Él fue glorificado en ellos. La salvación de estos discípulos —hombres sin preparación, sin méritos, sin posiciones relevantes en el mundo y, peor aún, llenos de pecados y prejuicios— glorificó al Hijo. Fue en Su amor, gracia y misericordia que Jesús se manifestó gloriosamente a través de ellos.

2) Una petición urgente por unidad

La segunda petición de Jesús es por la protección de Sus discípulos, con el propósito de preservar su unidad. Él ora diciendo: «Padre santo, guárdalos en Tu nombre, el nombre que me has dado, para que sean uno, así como Nosotros somos uno» (v. 11b).

Jesús le pide al Padre que proteja a Sus discípulos. En el contexto hebreo, el nombre de una persona alude a su naturaleza y carácter, como ya hemos mencionado. Por lo tanto, al pedir que el Padre los guarde en Su nombre, Jesús está rogando que sean preservados por el poder de Dios. Esto se refleja mejor en la traducción de la NVI: «Padre santo, protégelos con el poder de tu nombre».

La petición es clara: que sean guardados o protegidos. Pero el propósito de esta petición es aún más significativo: «Para que sean uno, así como Nosotros somos uno». Jesús reconoce la inclinación humana hacia la división. Por un lado, Satanás busca dividir al pueblo de Dios, mientras que, por otro lado, el orgullo humano tiende a generar separaciones. Por esa razón, Jesús ora para que el Padre los proteja de estas amenazas y les conceda una unidad que refleje la unidad perfecta entre el Padre y el Hijo, tanto en Su existencia como en Su propósito.

Satanás sabe que fomentar la división es una de las formas más efectivas de destruir al pueblo de Dios. Por eso, Jesús, consciente de este peligro, pide al Padre que preserve a Sus discípulos. En Su oración,

Jesús revela cómo había estado protegiendo a Sus discípulos durante Su ministerio: «Cuando Yo estaba con ellos, los guardaba en Tu nombre, el nombre que me diste; y los guardé y ninguno se perdió, excepto el hijo de perdición, para que la Escritura se cumpliera» (v. 12). Jesús está revelando detalles profundos y desconocidos sobre cómo somos preservados. Durante Su tiempo en la tierra, Jesús protegió activamente a Sus discípulos. Pero ahora, mientras se prepara para regresar al Padre, Su preocupación se intensifica: «Pero ahora voy a Ti» (v. 13). Él sabía que dejaría a Sus discípulos físicamente solos durante el tiempo en que estaría en la tumba, desde el viernes por la noche hasta el domingo por la mañana. Por eso, pide al Padre que los guarde en Su poder, asegurando su protección durante ese período de aparente inactividad.

Jesús también menciona que, mientras estuvo con ellos, ninguno se perdió, excepto Judas, el hijo de perdición, para que se cumpliera la Escritura. Esta referencia subraya que Judas había sido identificado desde el principio como el traidor, algo que Jesús había anticipado y ahora declara abiertamente. La oración de Jesús refleja Su preocupación como Mediador por la seguridad de aquellos que el Padre le había dado. Esto no solo se limita a los discípulos presentes en ese momento, sino que también nos incluye a ti y a mí.

Jesús está y siempre ha estado más preocupado por nuestra seguridad de lo que nosotros mismos podemos estar. Él comprende cuán fácil fue para Adán perderse en el Edén, y Su misión es asegurarse de que esa historia no se repita en nosotros. Su intercesión constante ante el Padre garantiza que nuestra seguridad esté en manos de Su poder eterno.

3) Una petición necesaria por la permanencia del gozo

Jesús ora para que el Padre nos conceda la capacidad de vivir con gozo, a pesar de vivir en este mundo: «hablo esto en el mundo para que tengan Mi gozo completo en sí mismos» (v. 13). Cuando Él dijo: «Hablo esto en el mundo», probablemente se refiere a todo lo que ha enseñado a Sus discípulos, incluyendo Sus palabras esa misma noche en el aposento alto. Él quería prepararlos para enfrentar el hecho de que, aunque Él partiría, no estarían solos: el Espíritu Santo, el Consolador, vendría a morar en ellos y con ellos. Este hecho debía ser una fuente de gozo profundo para los discípulos.

Jesús sabía que el camino por delante no sería fácil para ellos. Serían perseguidos, odiados y rechazados por el mundo. Como discípulos aún inmaduros, enfrentar tal oposición podría desalentarlos profundamente. Por ello, Jesús pide al Padre que los guarde de la tristeza y el desaliento en esos momentos de confusión. Su deseo es que el gozo de Cristo sea completo en ellos, incluso en medio de las pruebas. Es asombroso observar cómo, a pocas horas de padecer intensamente, Jesús centra Su oración en el bienestar y el futuro espiritual de Sus discípulos.

Jesús también revela más sobre ellos al decir: «Yo les he dado Tu palabra y el mundo los ha odiado, porque no son del mundo, como tampoco Yo soy del mundo» (v. 14). Aquí vemos una relación directa: recibir la Palabra de Dios conduce al rechazo del mundo. Jesús explica que la Palabra es el medio por el cual Dios aparta a Su pueblo del mundo. Al recibirla, los discípulos dejan de pertenecer al mundo, por lo tanto, ellos:

- No piensan como el mundo.
- No hablan como el mundo.
- No actúan como el mundo.
- No buscan lo que el mundo busca.
- No lucen como el mundo.

Es por esta transformación que el mundo los odia. A lo largo de la historia, el mundo ha presionado a la Iglesia para conformarse a sus estándares. En nuestro tiempo, esto se manifiesta en la presión para aceptar ideologías que van en contra de la verdad bíblica, como la ideología de género. Sin embargo, Dios nos llama a no conformarnos a las corrientes de este mundo, sino a ser transformados mediante la renovación de nuestra mente.

Lamentablemente, la Iglesia ha cedido ante la presión del mundo en muchas ocasiones, y ha perdido su relevancia. Charles Spurgeon lo expresó claramente: «La razón por la que la Iglesia tiene tan poca influencia sobre el mundo, es porque el mundo tiene demasiada influencia sobre la Iglesia»[38]. J. C. Ryle también advirtió en el siglo xix: «No es el pecado rampante o la incredulidad franca lo que priva a Cristo de Sus siervos profesos, sino el amor por el mundo, el temor del mundo, las preocupaciones del mundo, los negocios del mundo, el dinero del mundo, los placeres del mundo y el deseo de mantenerse a la altura del mundo. El mundo es la gran roca sobre la que miles de jóvenes naufragan continuamente».[39]

Esta realidad de rechazo por parte del mundo es precisamente la razón detrás de la siguiente petición de Jesús.

4) Una petición esencial por protección

Jesús continúa Su oración, diciendo: «No te ruego que los saques del mundo, sino que los guardes del maligno. Ellos no son del mundo, como tampoco Yo soy del mundo» (vv. 15-16). Jesús deja en claro que no está pidiendo que los discípulos sean removidos del mundo, porque tienen una misión que cumplir. Más bien, Su propósito en el mundo es ser testigos de la verdad, tal como Jesús vino a dar testimonio de la verdad. Sacarlos del mundo iría en contra de ese propósito.

La petición de Jesús, en cambio, es que el Padre los guarde del maligno. Algunas traducciones dicen «que los guardes del *mal*», y ambas traducciones son válidas según el texto griego. Ambas cosas son esenciales: ser guardados del pecado y ser protegidos del enemigo principal, Satanás, quien es la fuente del mal.

Desde el principio, Satanás ha intentado separar a la humanidad de Dios:

- En el jardín del Edén, convirtió a Adán y Eva en enemigos de Dios.

---

[38] Charles Spurgeon, *How To Become Fishers of Men, A Sermon At the Metropolitan Tabernacle*, Newington, (No. 1906), Christian Classics Ethereal Library, https://ccel.org/ccel/spurgeon/sermons32/sermons32.vii_1.html.

[39] J. C. Ryle, *The World*, 1878, https://gracegems.org/Ryle/world.htm

- En el desierto, intentó convertir al Hijo de Dios en enemigo del Padre.
- En el aposento alto, entró en Judas y lo convirtió en enemigo del Hijo de Dios.

Jesús sabía que el mundo sería hostil hacia Sus discípulos. Este rechazo no solo se menciona en la oración que estamos estudiando, sino también en Juan 15:19, donde Jesús dice: «Si ustedes fueran del mundo, el mundo amaría lo suyo; pero como no son del mundo, sino que Yo los escogí de entre el mundo, por eso el mundo los odia».

El apóstol Juan reafirmó esta verdad cuando escribió su primera carta: «Hermanos, no se maravillen si el mundo los odia» (1 Jn. 3:13). El mundo desea que los cristianos se conformen a sus valores y cuando lo logran, los condenan como hipócritas. Es sorprendente cómo el rechazo del mundo es esperado, tal como Jesús advirtió. Sin embargo, lo que debería preocuparnos es cuando el mundo «se enamora» de la Iglesia, ya que esto suele ser un síntoma de que la Iglesia se ha «mundanalizado» en lugar de que el mundo se haya santificado.

Hoy en día, se habla mucho de la persecución que podría venir contra los cristianos, pero como C. J. Mahaney escribe en su libro *Mundanalidad*: «El mayor peligro de la iglesia de hoy no es la persecución por parte del mundo, sino la seducción». Nuestro peregrinaje en este mundo tiene un propósito que confronta al mundo, y por eso, necesitamos la protección del Padre para resistir tanto al mal como al maligno.

5) Una petición constante por santificación

La última petición de Jesús en esta sección es por transformación; que Sus discípulos sean conformados a Su imagen. Jesús dijo: «Santifícalos en la verdad; Tu palabra es verdad».

Jesús nos recuerda que no somos nosotros los que nos santificamos a nosotros mismos, sino que es Dios quien nos santifica. La santificación implica ser apartado para un propósito divino, y la clave para ese proceso está en la Palabra de Dios. En otras palabras, la santidad de un creyente está directamente relacionada con el tiempo que dedica a la Palabra de Dios: leyéndola, meditando en ella y aplicándola. Esto es crucial porque, como hemos mencionado, oraciones sin la Palabra, ayuno sin la Palabra, o incluso estar involucrado en los ministerios de la iglesia pero sin la Palabra, no nos santifican. La razón es simple: ninguna de esas cosas es el principal instrumento de santificación. Jesús lo dijo claramente: «Santifícalos en la verdad; Tu palabra es verdad».

La Palabra de Dios es poderosa. En la Biblia se la compara con fuego que consume y martillo que destruye la roca (Jer. 23:29). La Palabra de Dios consume nuestras impurezas a medida que penetra nuestra mente y destruye los hábitos y los patrones pecaminosos. El autor de Hebreos nos enseña que la Palabra discierne nuestros pensamientos y nuestras intenciones, lo que provoca una confrontación profunda con nuestra vida interior (Heb. 4:12). El Espíritu de Dios nos habla, pero lo hace en la medida en que Su Palabra habita en nosotros.

Es por medio de la Palabra que el Espíritu de Dios nos capacita para vivir de manera santa en un mundo que no lo es. De hecho, el gozo del que Jesús oró también está conectado con el consumo de la Palabra, porque es la Palabra la que nos revela a Jesús, quien es la fuente de todo gozo. Por eso, con nuestra mente necesitamos conocer la Palabra; con nuestro corazón necesitamos amarla; y con nuestra voluntad necesitamos vivir de acuerdo con ella.

6) Una oración... con miras en la misión

Finalmente, Jesús hace una afirmación que revela cuál es nuestra misión en la tierra: «Como Tú me enviaste al mundo, Yo también los he enviado al mundo. Y por ellos Yo me santifico, para que ellos también sean santificados en la verdad» (vv. 18-19). Antes de enviarlos al mundo, Jesús ora por Sus discípulos para que sean santificados en Su Palabra, pues, de no ser así, no podrían cumplir adecuadamente su misión.

Jesús no solo estaba enviando a Su iglesia a realizar una tarea específica, sino que esta labor debía desarrollarse en medio del mundo. La labor encomendada al cristiano es ser sal y luz en el mundo (Mat. 5:13-14). Es evidente, por las palabras de Cristo, que la función de la Iglesia debe llevarse a cabo dentro del mundo, pero sin ser parte de él. Para ilustrar este concepto, consideremos el siguiente ejemplo. Una persona que nada en una piscina debe evitar tragar agua mientras permanece en ella. Si el agua está contaminada y el nadador la ingiere, terminará contaminado. De manera similar, el cristiano está llamado a estar en el mundo, pero debe protegerse para no contaminarse. Lamentablemente, muchos creyentes no han sido lo suficientemente cautelosos y han caído en la contaminación espiritual que proviene de las aguas del mundo.

Jesús pide al Padre que santifique a Sus discípulos, es decir, que los aparte para Él. Esta oración no solo fue dirigida a los que estaban con Él en ese momento, sino también a todos los creyentes que vendrían después. Cabe recordar que ser santificado implica ser apartado y consagrado, como hemos estudiado. Pero, ¿qué implica ese «apartarse»? John Stott lo expresó de la siguiente manera:

> Dios debe estar motivando nuestro trabajo, nuestras metas, nuestra creatividad, nuestros corazones, nuestras formas de amar, la manera como compramos y vendemos [...] Nuestros planes y decisiones deben «oler a Dios»; nuestra mente debe estar saturada con Su Palabra y nuestro tiempo debe estar a Su servicio.[40]

Cuando Dios nos santificó, nos apartó del mundo y su pecado, y nos acercó a Él. Dios y el mundo están en polos opuestos, y la santidad de Dios repele al pecado. Nuestra santificación en la Palabra es necesaria porque cada vez que pecamos, estamos violando un aspecto del carácter de Dios. En palabras de John Piper, el pecado es:

- La gloria de Dios no honrada.
- La santidad de Dios no reverenciada.
- La grandeza de Dios no admirada.
- El poder de Dios no alabado.
- La verdad de Dios no buscada.

---

[40] John Stott, *The Contemporary Christian: Applying God's Word to Today's World* (IVP Books; IVP/UK edición), pág. 94.

- La sabiduría de Dios no estimada.
- La belleza de Dios no atesorada.
- La bondad de Dios no saboreada.
- La fidelidad de Dios no confiada.
- Las promesas de Dios no creídas.
- Los mandamientos de Dios no obedecidos.
- La justicia de Dios no respetada.
- La ira de Dios no temida.
- La gracia de Dios no apreciada.
- La presencia de Dios no valorada.
- La persona de Dios no amada.

Piper continúa: «La indignación moral y emocional por la pobreza, la explotación, los prejuicios, el aborto y otras injusticias humanas son comprensibles. Sin embargo, el hecho de que muchos no sientan el mismo remordimiento por la ignorancia, la desobediencia, la deshonra y el desprecio hacia Dios por millones de personas en el mundo, revela el poder del pecado». Como Piper lo señala, este es el último ultraje del universo.[41]

Por esto Cristo, en esta oración, nos recuerda que, aunque estamos en el mundo, ya no somos del mundo. Hemos sido separados del mundo y del pecado para Dios, y por ende, debemos diferenciarnos de las prácticas y valores del mundo.

En este contexto, Jesús pide al Padre que proteja a los Suyos en Su nombre, algo que Él mismo había hecho durante Su tiempo en la tierra; que los proteja del mal o del maligno, pues sin esa protección, los creyentes se perderían en el mundo.

Finalmente, Jesús ora para que seamos santificados en Su Palabra, sabiendo que hemos sido dejados en el mundo para ser testigos de

---

[41] John Piper, *What Is Sin? The Essence and Root of All Sinning*, Sesión plenaria – 2015 Conferencia para pastores, https://www.desiringgod.org/messages/what-is-sin-the-essence-and-root-of-all-sinning (consultado el 9 de octubre, 2022).

Su verdad. Seríamos testigos ineficaces si no viviéramos la verdad que profesamos creer y predicar. Recuerda siempre: somos el pueblo de Dios, un pueblo muy especial que ha sido llamado a anunciar las virtudes de Aquel que nos llamó de las tinieblas a Su luz admirable (1 Ped. 2:9).

Capítulo 10

Orando con el Hijo

Por la unidad de Su iglesia

Pero no ruego solo por estos, sino también por los que han de creer en Mí por la palabra de ellos, para que todos sean uno. Como Tú, oh Padre, estás en Mí y Yo en Ti, que también ellos estén en Nosotros, para que el mundo crea que Tú me enviaste. La gloria que me diste les he dado, para que sean uno, así como Nosotros somos uno: Yo en ellos, y Tú en Mí, para que sean perfeccionados en unidad, para que el mundo sepa que Tú me enviaste, y que los amaste tal como me has amado a Mí. Padre, quiero que los que me has dado, estén también conmigo donde Yo estoy, para que vean Mi gloria, la gloria que me has dado; porque me has amado desde antes de la fundación del mundo. Oh Padre justo, aunque el mundo no te ha conocido, Yo te he conocido, y estos han conocido que Tú me enviaste. Yo les he dado a conocer Tu nombre, y lo daré a conocer, para que el amor con que me amaste esté en ellos y Yo en ellos.

Juan 17:20-26

En este capítulo concluiremos nuestro estudio de la oración que Cristo hizo en el aposento alto, la última noche antes de Su muerte. Como hemos visto anteriormente, en esta oración podemos identificar tres secciones:

1. Jesús ora por sí mismo (vv. 1-5).
2. Jesús ora por los discípulos que estaban con Él en el aposento alto, y posiblemente también por aquellos que le habían seguido durante Su ministerio terrenal (vv. 6-19).
3. Jesús ora por todos los que creerían en el Él en el futuro. Esta sección es la que estaremos cubriendo en este capítulo.

Dado el contenido de esta última sección, hemos titulado este capítulo: Orando con el Hijo por Su iglesia. En esencia, eso es precisamente lo que Cristo hace: intercede por todos aquellos que, a lo largo de la historia, llegarían a creer en Él. Esta oración abarca a la totalidad de Su iglesia (vv. 20-26).

Es significativo que esta petición sea el cierre de Su oración, el broche final que refleja el corazón de Cristo por los Suyos. Con este propósito en mente, te invito a leer juntos la porción de Juan 17:20-26.

«Pero no ruego solo por estos, sino también por los que han de creer en Mí por la palabra de ellos, para que todos sean uno. Como Tú, oh Padre, estás en Mí y Yo en Ti, que también ellos estén en Nosotros, para que el mundo crea que Tú me enviaste La gloria que me diste les he dado, para que sean uno, así como Nosotros somos uno: Yo en ellos, y Tú en Mí, para que sean perfeccionados en unidad, para que el mundo sepa que Tú me enviaste, y que los amaste tal como me has amado a Mí. Padre, quiero que los que me has dado, estén también conmigo donde Yo estoy, para que vean Mi gloria, la gloria que me has dado; porque me has amado desde antes de la fundación del mundo. Oh Padre justo, aunque el mundo no te ha conocido, Yo te he conocido, y estos han conocido que Tú me enviaste. Yo les he dado a conocer Tu nombre, y lo daré a conocer, para que el amor con que me amaste esté en ellos y Yo en ellos».

En esta parte final de la oración, enfocaremos nuestra atención en tres aspectos fundamentales:

- El alcance de la oración, destacando a quiénes incluye y cómo revela la amplitud de la obra redentora de Cristo.

- El propósito de esta petición, explorando la intención divina detrás de las palabras de Jesús y cómo esta refleja Su misión eterna.
- El deseo de Jesús como nuestra bendición, considerando cómo Su intercesión manifiesta Su amor por nosotros y las bendiciones que desea para Su iglesia.

El alcance de Su oración

«Pero no ruego solo por estos, sino también por los que han de creer en Mí por la palabra de ellos» (v. 20).

Es asombroso considerar que, a tan solo unas horas de enfrentar la cruz, Jesús toma un momento para orar por cada persona que creerá en Él. En otras palabras, Jesús intercede por cada individuo que formará parte de Su iglesia a lo largo de los siglos, ¡y eso nos incluye a ti y a mí! Qué poderosa y tangible demostración de Su amor incondicional y de Su profunda preocupación por los Suyos.

Al expresar esta petición, Jesús utiliza palabras que merecen nuestra atención: «No ruego solo por estos, sino también por los que han de creer en Mí *por la palabra de ellos*» (v. 20, énfasis añadido). Con estas palabras, Jesús presupone que todos los que hemos creído en Él a lo largo de los siglos proclamaremos el evangelio, permitiendo así que otros lleguen a creer en Él por medio de nuestro testimonio. Es por todos aquellos que creerán a través de nuestra palabra que Jesús ora aquí.

En este pasaje, Jesús nos muestra claramente la gran responsabilidad que hemos recibido, al afirmar que muchos creerán por nuestra palabra. ¡Aquí se anticipa la Gran Comisión! Más tarde, antes de ascender al cielo, Jesús instruyó a Sus discípulos: «Vayan, pues, y hagan discípulos de todas las naciones» (Mat. 28:19). Pero ahora, en esta oración, Él intercede por aquellos a quienes seremos enviados a predicar.

El alcance de esta oración es verdaderamente extraordinario, ya que abarca a todos los creyentes de cada generación y evidencia el profundo deseo de Cristo de que Su iglesia cumpla fielmente con Su misión redentora.

El propósito de Su oración

«Para que todos sean uno» (v. 21).

Jesús no solo oró por aquellos que habrían de creer en Él, sino que también expresó una profunda preocupación por la unidad de quienes formarían Su iglesia. Por esta razón, elevó la petición: «Que sean uno, así como Nosotros somos uno» (v. 22). Jesús no busca cualquier tipo de unidad, sino una perfecta, tan sublime y profunda que debido a nuestra condición caída, somos incapaces de alcanzarla por nosotros mismos. En toda esta oración, Jesús ruega en cuatro ocasiones por la unidad de Su iglesia. Y esta no es una oración cualquiera, sino la más trascendental registrada durante Su ministerio terrenal, lo cual subraya cuán central y valiosa es la unidad para el corazón de Cristo.

La unidad por la que Jesús ora también es eterna, infinita e indivisible. Al pedir: «Que todos sean uno, como Tú, Oh Padre, estás en Mí y Yo en Ti, que también ellos estén en Nosotros» (v. 21), nos muestra la naturaleza de esta unidad, una que solo Dios puede iniciar y que se extiende hacia la eternidad, imposible de romper. Ante esta declaración, alguien podría preguntarse: ¿cómo puede ser posible tal unidad? La respuesta es profundamente teológica: si hemos sido unidos a Cristo, entonces estamos unidos a Él de manera permanente. Por eso, Pablo escribe a los romanos para recordarles: «Ni la muerte ni la vida, ni ángeles, ni principados, ni lo presente, ni lo por venir, ni los poderes, ni lo alto, ni lo profundo, ni ninguna otra cosa creada nos podrá separar del amor de Dios que es en Cristo Jesús Señor nuestro» (Rom. 8:38-39). Nuestra unión con Cristo es eterna mirando hacia el futuro e indivisible porque no existe nada ni nadie que pueda separarnos de Él.

Esta unión con Cristo que cada creyente posee debe reflejarse en la unión con los demás hijos de Dios. Por ello, el apóstol Pablo exhorta a los efesios: «soportándose unos a otros en amor, esforzándose por preservar la unidad del Espíritu en el vínculo de la paz» (Ef. 4:2b-3). En este texto, dos verbos son particularmente significativos: soportándose y esforzándose. Ambos implican acción intencional y dedicación.

Unidos para proclamar el evangelio

Esto nos lleva a considerar otro aspecto fundamental de la unidad por la cual Jesús oró: la relación directa entre la unidad de la Iglesia y la credibilidad del mensaje del evangelio. Jesús dijo: «Para que el mundo crea que Tú me enviaste» (Juan 17:21b). La falta de unidad en la Iglesia afecta de manera directa la percepción del mundo acerca de la autenticidad del evangelio. Por tanto, podemos afirmar que la unidad entre los cristianos es un testimonio vivo y poderoso que refuerza la veracidad del mensaje que proclamamos.

Si el mundo percibe a la Iglesia sumida en rencillas, pleitos, contiendas y divisiones, difícilmente creerá en el mensaje de reconciliación que predicamos. Un cristiano contencioso encarna una contradicción al evangelio, y una Iglesia dividida es incapaz de dar testimonio de su unión con Cristo o de cumplir la misión que Él le encomendó. La división en el cuerpo de Cristo no solo desacredita el mensaje del evangelio, sino que también empaña la gloria que Él nos ha concedido como hijos de Dios.

Unidos para magnificar la gloria de Cristo

Esto queda evidente en la oración de Jesús: «La gloria que me diste les he dado, para que sean uno, así como Nosotros somos uno» (v. 22). En estas palabras, Jesús declara que la gloria que ha otorgado a Su iglesia tiene un propósito claro: fomentar la unidad entre los creyentes. Esa gloria, reflejo de la comunión perfecta entre el Padre y el Hijo, nos ha sido dada para que seamos uno en esencia y propósito. La unidad de la Iglesia no solo magnifica la gloria de Cristo, sino que también valida el mensaje del evangelio ante un mundo incrédulo, mostrando que en Cristo existe reconciliación, amor y comunión perfecta.

En Su oración, Cristo está vinculando la gloria de Su nombre con la unidad de Su iglesia. Escucha nuevamente: «La gloria que me diste les he dado, para que sean uno». Su gloria nos fue otorgada con un propósito claro: que seamos uno. Esta afirmación es, sin duda, difícil de comprender plenamente. La pregunta que surge es: ¿a qué *gloria* se refiere Jesús cuando declara que esa *gloria* le fue dada para que seamos uno?

A lo largo de los siglos, han surgido diversas interpretaciones sobre este pasaje, y no pretendo entrar en un análisis exhaustivo de estas opiniones ahora. Sin embargo, considero particularmente significativa una interpretación que se remonta a los siglos iii y iv y que posteriormente, fue defendida por J. C. Ryle en el siglo xix en su comentario sobre el Evangelio de Juan. Según esta perspectiva, la gloria a la que Jesús alude se refiere al Espíritu Santo, quien ha sido dado a cada creyente.

Esta interpretación encuentra respaldo en la Escritura, donde el Espíritu Santo es llamado «el Espíritu de gloria» (1 Ped. 4:14). En este texto, Pedro nos recuerda que el Espíritu de gloria es glorificado en nosotros cuando soportamos los insultos que otros pronuncian contra nosotros. Este Espíritu Santo ha sido dado a cada creyente, y es Él quien nos capacita para soportar los insultos. Si el Espíritu nos concede la gracia de resistir las ofensas externas, de igual manera, el Espíritu de gloria nos permite soportar, perdonar y amar a nuestros hermanos cuando enfrentamos ofensas y heridas dentro del cuerpo de Cristo, con el fin de conservar la unidad.

La expresión «Les he dado tu gloria para que sean uno» resalta que la unidad entre los creyentes no se origina en nuestras propias fuerzas, sino en la obra transformadora del Espíritu que mora en nosotros, quien nos capacita para vivir en comunión y reflejar la gloria de Dios.

Además, en la cruz, Jesús fue glorificado mediante el Espíritu Santo, a quien el autor de Hebreos describe como «el Espíritu eterno» (Heb. 9:14). De este modo, la gloria que Jesús menciona no es un concepto abstracto, sino una realidad viva y activa en la vida de los creyentes a través de la obra del Espíritu Santo, quien une a los hijos de Dios, fortaleciendo la comunión y testificando de Cristo a sus corazones. Así, podemos entender que la gloria que Cristo nos ha dado no solo refleja Su presencia, sino que también capacita a la Iglesia para vivir en unidad, cumpliendo el propósito por el cual Él oró.

Unidos por el poder del Espíritu

Esta ilustración nos ayudará a comprender cuál es el rol del Espíritu en la unidad de la Iglesia. Seguramente has oído que el agua y el aceite no se pueden mezclar. Sin embargo, existe una forma de unirlos: agregar un agente emulsivo, que en el caso de la mayonesa es el huevo. La mayonesa combina agua y aceite de soya, ingredientes que normalmente no se pueden unir, pero que al incorporar el huevo, este actúa como agente emulsivo permitiendo mezclarlos. De manera similar, muchos de nosotros somos tan distintos que, humanamente hablando no podríamos unirnos. Pero Dios nos ha dado al Espíritu Santo como nuestro «agente emulsivo», haciendo posible que vivamos en unidad. Así como el huevo puede unir el agua y el aceite, cuánto más el Espíritu Santo logrará la unidad entre los hijos de Dios.

La unidad nos permitirá vencer, pero la división nos conducirá a la derrota. Satanás sabe esta realidad y la usa a su favor. Por eso, el Señor nos exhorta a preservar la unidad. Además de la oposición de Satanás y el mundo, la Iglesia no puede permitirse añadir un tercer enemigo: la división interna. Cuando la presión viene desde afuera, el pueblo de Dios se une para combatirla. Pero cuando la oposición viene de adentro, provoca un debilitamiento que puede llegar a ser mortal.

A lo largo de los siglos, la Iglesia de Cristo ha enfrentado diversas divisiones que han debilitado su testimonio y misión. Aquí algunos ejemplos:

- En Galacia, la iglesia se dividió debido al legalismo de los judaizantes, quienes insistían en la necesidad de cumplir la ley para ser salvos. Por esta razón, Pablo les escribió: «Porque toda la ley en una palabra se cumple en el precepto: "Amarás a tu prójimo como a ti mismo". Pero si ustedes se muerden y se devoran unos a otros, tengan cuidado, no sea que se consuman unos a otros» (Gál. 5:14-15).
- En Corinto, la inmadurez espiritual llevó a celos y divisiones, lo que obligó a Pablo a reprenderlos diciendo: «Porque todavía son

carnales. Pues habiendo celos y discusiones entre ustedes, ¿no son carnales y andan como hombres del mundo?» (1 Cor. 3:3).

- En Roma, los prejuicios y diferencias de opinión respecto al día de reposo generaron conflictos entre los creyentes, como se puede deducir de las exhortaciones de Pablo en su carta a los romanos.
- En Filipos, la falta de humildad y mansedumbre permitió que el conflicto entre Evodia y Síntique escalara, afectando a la iglesia entera. Esto queda reflejado en la carta enviada a los filipenses, donde Pablo llama a ambas mujeres a ponerse de acuerdo en el Señor (Fil. 4:2).

El apóstol Pablo nos enseña cómo la Iglesia puede alcanzar la unidad frente a los ataques del enemigo que buscan dividirla. En su primera carta a los corintios, escribió: «Les ruego, hermanos, por el nombre de nuestro Señor Jesucristo, que todos se pongan de acuerdo, y que no haya divisiones entre ustedes, sino que estén enteramente unidos en un mismo sentir y en un mismo parecer» (1 Cor. 1:10). La frase clave en esta exhortación es «en un mismo sentir y en un mismo parecer». El poder de la Iglesia depende de la unidad de sus miembros, pues es en la unidad donde se experimenta el poder del Espíritu Santo.

Esta verdad fue una realidad en la vida de la primera Iglesia. En el libro de Hechos leemos que «La congregación de los que creyeron era de *un corazón y un alma* [...] Con *gran poder* los apóstoles daban testimonio de la resurrección del Señor Jesús, y había abundante gracia sobre todos ellos» (Hech. 4:32-33, énfasis añadido). ¿Notaste el orden en la narrativa? Primero, la unidad nace en el corazón de los creyentes, reflejada en que siempre estaban de un mismo sentir y de un solo corazón. Como resultado, el poder del Espíritu se manifiesta en ellos a través de la proclamación del evangelio de la gloria de Cristo. Por eso decimos que la división de la Iglesia empaña la gloria de Cristo.

Unidos, pero no iguales

Cristo no solo oró por la unidad de la Iglesia, sino también por la calidad de esa unidad. La relación de Jesús con Su Padre establece el estándar de excelencia que los creyentes deben buscar en su unidad. Con este ejemplo, Jesús no solo define el nivel de unidad al que estamos llamados, sino que también señala la perfección que debe caracterizarla. En el siguiente versículo, Jesús eleva aún más Su petición al decir: «Yo en ellos, y Tú en Mí, para que sean *perfeccionados en unidad*, para que el mundo sepa que Tú me enviaste, y que los amaste tal como me has amado a Mí» (Juan 17:23, énfasis añadido).

¿Cómo luce la perfección de la unidad en la Iglesia? Es crucial entender que esta perfección de la cual habla Jesús, no implica uniformidad en todos los aspectos de la vida cristiana. No significa que cada creyente deba hablar igual, compartir los mismos gustos o preferencias, enviar a sus hijos al mismo tipo de colegio, orar de la misma manera ni elegir vocaciones idénticas como misionero, pastor, médico o ingeniero. Tampoco implica que todas las iglesias deban lucir de la misma forma, estar bajo una sola denominación o compartir la misma filosofía ministerial, tipo de gobierno, estilo de adoración o características de sus pastores.

Más bien, lo que Jesús está pidiendo es que, en medio de nuestras diferencias, la Iglesia refleje la perfección del carácter amoroso, reconciliador, manso y humilde de nuestro Señor Jesucristo, porque esto nos capacitará para amarnos como hermanos, incluso cuando nuestras filosofías ministeriales, estilos de liderazgo y formas de adoración difieran. El liderazgo puede adoptar diversas formas, siempre y cuando refleje la unidad en un liderazgo de siervo, como lo modeló Cristo. Es esencial estar unidos en torno a la verdad y a las doctrinas fundamentales que definen la fe cristiana. He compartido el púlpito en eventos y conferencias con predicadores que no comparten las mismas posturas en todos los aspectos doctrinales o de filosofía ministerial, pero nos amamos en Cristo. Ver a cristianos, en especial a líderes cristianos, atacándose mutuamente en redes sociales, no solo desvirtúa el mensaje de Jesús, sino que tampoco puede convencer al mundo de que el Padre envió al Hijo.

Jesús dijo: «Para que sean perfeccionados en unidad, para que el mundo sepa que Tú me enviaste». La unidad por la que Cristo oraba implica amar al hermano, interesarse genuinamente por su bienestar, incluso a costa de nuestro propio sacrificio. Esta unidad excluye condenar, criticar destructivamente, asesinar el carácter o herir a otros creyentes.

Unidos para que el mundo sepa

La razón por la que Cristo desea que seamos perfeccionados en unidad es clara: «Para que el mundo sepa que Tú me enviaste, y que los amaste tal como me has amado a Mí» (Juan 17:23b). Jesús está declarando que la unidad por la cual ora tiene el poder de convencer al mundo de dos verdades trascendentales: que el Padre envió al Hijo y que el amor del Padre hacia nosotros es igual al amor que tiene por Su propio Hijo. Es una unidad que, de alcanzarse, impactaría al mundo de manera profunda.

El apologista cristiano Arístides, en el siglo iv, escribió un testimonio elocuente sobre esta unidad:

Se abstienen de toda impureza en espera de la recompensa que ha de venir en el otro mundo. En cuanto a sus siervos o siervas o hijos, los persuaden a convertirse en cristianos por el amor que les tienen; y cuando llegan a serlo, los llaman sin distinción hermanos. No adoran a dioses extraños; y andan en toda humildad y bondad, y no se halla entre ellos falsedad; y se aman.[42]

La unidad por la que Cristo oró es la misma que se describe en Hechos 4:32a: «La congregación de los que creyeron era de un corazón y un alma». James Montgomery Boice destaca varias marcas distintivas que los cristianos deben exhibir, cada una relacionada con un aspecto de su fe:

- El gozo caracteriza la relación del cristiano consigo mismo.

---

[42] *The Apology of Aristides: Texts and Studies 1* (1891), 35–51. Traducción del siríaco. Acceso en https://www.tertullian.org/fathers/aristides_05_trans.htm, consultado el 15 de octubre de 2022.

- La santidad refleja su relación con Dios.
- La verdad define su relación con la Palabra de Dios.
- La misión distingue su relación con el mundo.
- Y la unidad es la marca que define su relación con los demás miembros de la iglesia.[43]

Esta unidad no es simplemente un ideal; es un testimonio viviente del poder transformador del evangelio.

El deseo en Su oración

A lo largo de Su oración, Jesús hizo siete peticiones al Padre, las cuales reflejan los deseos que tenía para Sus discípulos:

1. La primera petición fue que Sus discípulos fueran guardados de las influencias del mundo (v. 11).
2. La segunda petición fue que Su gozo fuera completo en ellos (v. 13).
3. La tercera petición fue que Sus discípulos fueran protegidos del poder del maligno (v. 15).
4. La cuarta petición fue por la santificación de Sus discípulos (v. 17).
5. La quinta petición fue que ellos fueran uno (v. 21).

Ahora estudiaremos las últimas dos peticiones, que son más bien bendiciones expresadas sobre Sus discípulos.

---

[43] James Montgomery Boice, *The Gospel of John*, vol. 4 (Grand Rapids: Baker Books, 1985), pág. 1328.

Que Sus discípulos estén con Él y vean Su gloria

«Padre, quiero que los que me has dado, estén también conmigo donde Yo estoy, para que vean Mi gloria, la gloria que me has dado; porque me has amado desde antes de la fundación del mundo» (Juan 17:24).

En el monte de la transfiguración, Pedro, Juan y Jacobo fueron testigos de la gloria de Cristo (Luc. 9:32). No obstante, su percepción de la gloria de Cristo estuvo limitada por dos factores. En primer lugar, aunque Jesús subió al monte y fue transfigurado, seguía siendo un ser encarnado. De este modo, Su encarnación actuó como un velo que cubría la plena manifestación de Su divinidad, permitiendo a los discípulos verlo cara a cara, algo que Moisés no pudo experimentar. Así, ellos solo pudieron contemplar una pequeña parte de Su gloria. La segunda limitación en su visión de la gloria de Cristo radicaba en el hecho de que ellos mismos aún no habían sido glorificados, lo que restringía tanto su conocimiento como su capacidad para discernir plenamente lo que estaban viendo.

Jesús no solo desea que estemos con Él, sino que también veamos Su gloria. A la luz de todo lo que Él ha revelado, esta no será una mera contemplación de Su gloria, sino una verdadera participación en ella, lo cual implicará disfrutar plenamente de todo lo que Cristo es y posee. En el futuro, nuestra intimidad con Cristo será mucho más profunda y gloriosa que la que los discípulos pudieron experimentar en el aposento alto. En ese día, seremos capaces de apreciar el poder de Jesús de una manera que nadie ha experimentado en esta vida. Como el Creador de todo lo que existe, podremos conocer todas las maravillas que Él ha creado. Al estar en Su presencia y disfrutar de Su gloria por toda la eternidad, comprenderemos mejor cuán pecaminosos éramos, lo que nos permitirá valorar aún más la dulzura de Su gracia y Su misericordia hacia nosotros. En ese momento, seremos testigos de la belleza de Su santidad, algo que hoy nos resulta desconcertante, ya que no somos santos como Él lo es. Cuando este cuerpo mortal sea transformado, verdaderamente entenderemos cuán grande es Él. Nuestras mentes quedarán asombradas al contemplar lo inescrutable de Su sabiduría infinita, ante seres finitos como nosotros.

Cuando estemos en gloria, quedaremos maravillados al ver todo lo que Dios hizo para rescatarnos del abismo en el que Adán y Eva cayeron. Entonces, veremos cómo la historia tomó su curso hasta llegar al fin, y nos llenaremos de alabanza por la bondad y fidelidad de Dios. Su ira y justicia nos parecerán justas, y obedecerle será un gozo, la expresión de nuestro amor hacia Él. Todo esto será solo una parte de lo que implicará ver y participar en Su gloria.

Que Sus discípulos experimenten el amor del Padre

«Oh Padre justo, aunque el mundo no te ha conocido, Yo te he conocido, y estos han conocido que Tú me enviaste. Yo les he dado a conocer Tu nombre, y lo daré a conocer, para que el amor con que me amaste esté en ellos y Yo en ellos» (Juan 17:25-26).

La razón por la cual Jesús nos dio salvación es esta: que el amor del Padre esté en nosotros, así como estuvo en Jesús. ¡Cuán extraordinario es saber que el Hijo anhela que tú y yo experimentemos el amor del Padre en el mismo grado y dimensión que Él lo recibió! Esto es extraordinario, porque el Padre ama a Su unigénito de forma única, y pedir que nosotros seamos amados de igual manera es algo que nuestra mente no puede comprender. No podemos apreciar completamente lo especial de esta bendición.

Sin embargo, podemos estar seguros de que experimentaremos tal grado de amor. Y la razón por la cual lo sabemos es porque en estos últimos dos o tres versículos de la oración en Juan 17, Jesús no le dice al Padre: «te pido» que esto suceda, sino que le expresa un deseo, diciendo: «Padre, Yo deseo dos cosas: Primero, que donde Yo esté, ellos también estén y contemplen tu gloria. Y segundo, que ellos experimenten el mismo amor que Yo he experimentado de Ti». ¿Sabes qué es lo maravilloso de esta oración? Que el Padre nunca ha dejado de responder una oración que Su Hijo le haya hecho. Y en este caso, Jesús ni siquiera le hace una petición, sino que expresa un deseo profundo, diciéndole: «Yo quiero». Podemos estar seguros de que, en aquel día, contemplaremos y participaremos de Su gloria, y seremos capaces de sentir, valorar y asombrarnos de la profundidad y la calidad de Su amor.

Este es el deseo del Hijo. En Getsemaní, Jesús dijo: «Padre, que se haga tu voluntad y no la mía». Pero en el aposento alto, Jesús dijo: «Padre, Yo quiero», sabiendo que lo que Él quería era exactamente lo que el Padre quería, porque para eso fue enviado: para que, llegado el día, pudiéramos participar de Su gloria y disfrutar de Su amor eterno para siempre.

Capítulo 11

Orando con el apóstol Pablo

Por sabiduría e iluminación

Por esta razón también yo, habiendo oído de la fe en el Señor Jesús que hay entre ustedes, y de su amor por todos los santos, no ceso de dar gracias por ustedes, mencionándolos en mis oraciones, pido que el Dios de nuestro Señor Jesucristo, el Padre de gloria, les dé espíritu de sabiduría y de revelación en un mejor conocimiento de Él. Mi oración es que los ojos de su corazón les sean iluminados, para que sepan cuál es la esperanza de Su llamamiento, cuáles son las riquezas de la gloria de Su herencia en los santos, y cuál es la extraordinaria grandeza de Su poder para con nosotros los que creemos, conforme a la eficacia de la fuerza de Su poder. Ese poder obró en Cristo cuando lo resucitó de entre los muertos y lo sentó a Su diestra en los lugares celestiales, muy por encima de todo principado, autoridad, poder, dominio y de todo nombre que se nombra, no solo en este siglo sino también en el venidero.

Efesios 1:15-21

La iglesia de Éfeso estaba localizada en la ciudad que llevaba su nombre, una próspera metrópoli portuaria conocida por su templo a Artemisa y su importancia comercial. Fue fundada por el apóstol Pablo durante su tercer viaje misionero, y permaneció allí unos tres años enseñando y estableciendo sólidas bases doctrinales (Hech. 20:31).

Esta iglesia se distinguió por su preocupación por la buena enseñanza, y llegó incluso a denunciar a quienes se decían ser apóstoles sin serlo, y perseveró con firmeza en medio de la adversidad. Figuras prominentes como Priscila y Aquila, Apolos (Hech. 18:19-26), Timoteo (1 Tim. 1:3) y el apóstol Juan estuvieron asociados con esta congregación.[44] Esta iglesia fue un lugar clave para el desarrollo del liderazgo cristiano, hasta el punto en que algunos académicos piensan que las otras seis iglesias mencionadas en Apocalipsis 2-3, probablemente fueron iglesias plantadas a partir de la iglesia en Éfeso, como la iglesia madre.

Sin embargo, cuando Cristo evalúa a esta iglesia en el libro de Apocalipsis, aunque reconoce sus fortalezas, también le señala que había perdido su primer amor. A pesar de este reproche, Éfeso fue una iglesia extraordinaria durante un buen tiempo, y fue un faro de luz y verdad en una ciudad llena de desafíos culturales y espirituales.

Pablo escribe su carta a los efesios para recordarles las doctrinas fundamentales que ya les había enseñado: la elección, la predestinación, la redención, la adopción, la santificación y la glorificación (Ef. 1:3-14). Luego, les ofrece una visión panorámica de la historia de la redención, desde antes de la fundación del mundo hasta la glorificación final (Ef. 1:15-23). Con este recordatorio, Pablo reafirma las bendiciones que los creyentes han recibido en Cristo y, a partir de ahí, hace una transición natural hacia otro tema central: la oración. Es como si les hubiera dicho: «Estas son las bendiciones que han recibido en Cristo» (1:1-14). «Ahora, esta es mi oración por ustedes» (1:15-21).

Pablo parece haber recibido noticias alentadoras sobre el testimonio de la iglesia en Éfeso; al menos, había escuchado dos testimonios importantes acerca de ellos:

1. La fe en el Señor Jesús que ellos exhibían.
2. Y el amor por todos los santos.

Estas noticias llenaron a Pablo de gratitud y lo llevaron a orar fervientemente por ellos. Les expresó: «No ceso de dar gracias por ustedes, mencionándolos en mis oraciones» (v. 16). Su reconocimiento de la fe

---

[44] La tradición escrita más temprana acerca de que el apóstol Juan estuvo en Éfeso proviene de Irineo, en su libro *Contra las herejías*, libro 3, capítulo 3, sección 4.

y el testimonio de los cristianos en Éfeso se tradujo en una oración constante. Esto nos lleva a una pregunta clave: ¿qué pidió Pablo en su oración por los creyentes de esta iglesia? La respuesta no solo ilumina cómo oraba el apóstol, sino que también nos enseña a interceder de manera intencional, no solo por nuestras necesidades, sino también por la vida de otros hermanos y hermanas en la Iglesia de Cristo alrededor del mundo.

Ora por conocimiento

¿Cuántas veces nos hemos encontrado estancados en nuestra vida de oración, pidiendo repetidamente lo mismo y por las mismas cosas? El apóstol Pablo nos enseña a elevar nuestras oraciones y a pedir algo más grande: **conocimiento**. Pero no un conocimiento meramente doctrinal o intelectual que carece de poder transformador, sino un conocimiento que, al ser vivido, produce una comprensión más profunda y práctica que da como resultado una verdadera transformación en la vida del cristiano.

Al inicio de su oración, Pablo pide: «Que el Dios de nuestro Señor Jesucristo, el Padre de gloria, les dé espíritu de sabiduría y de revelación en un mejor conocimiento de Él» (v. 17). Esta oración está dirigida a Dios, a quien Pablo se refiere como «el Dios de nuestro Señor Jesucristo» y «Padre de gloria». Estas dos referencias a Dios son importantes porque destacan la humanidad de Cristo y la majestad divina del Padre. Al llamar a Dios «el Dios de nuestro Señor Jesucristo», Pablo enfatiza la dependencia de Cristo en Su humanidad y Su rol como mediador para nuestro acceso a Dios. «Padre de gloria» resalta la grandeza esencial de Dios y Su acción como fuente de toda gracia, poder y revelación. Estos títulos subrayan que el conocimiento y la sabiduría que Pablo pide para los creyentes provienen del Dios trascendente que, en Cristo, se hace cercano y accesible, y que transforma la vida de Su pueblo.[45] Si te detienes y meditas en esta oración, te percatas de que la persona

---

[45] Samuel Pérez Millos, *Comentario Exegético al Texto Griego del Nuevo Testamento: Efesios* (Viladecavalls, Barcelona: Editorial CLIE, 2010), págs. 107–108.

que hace esta oración poseía un íntimo conocimiento de Dios, un gran sentido de reverencia y un corazón pastoral para enseñar a las ovejas del Señor cómo orar más allá de sus necesidades cotidianas. Cristo enseñó a buscar primero el reino de Dios y Su justicia y prometió que todas las demás cosas se darían por añadidura. Pero me parece que la mayoría de Sus hijos, oran todos los días por las añadiduras y luego esperan que el Señor les agregue el reino de los cielos.

Lo que Pablo pide en su oración es que Dios conceda a los creyentes en Éfeso un espíritu de sabiduría y revelación, no para simplemente aumentar su conocimiento intelectual, sino para que este conocimiento transforme profundamente su relación con el Padre. Pablo no está buscando que los cristianos simplemente sepan más sobre Dios, sino que, al conocerlo mejor, su vida sea transformada y crezcan en una mayor intimidad con el Padre. Así, el propósito de la revelación que Pablo pide no es solo aumentar el saber, sino producir un cambio radical en la vida de los creyentes acercándolos más a la gloria de Dios.

La iglesia de Éfeso había recibido una enseñanza teológica de primer nivel, directamente de los pies del apóstol Pablo. Sin embargo, Pablo les señala que aún necesitan conocer más a Cristo. Esta realidad refleja una lucha común entre muchos cristianos: aunque cuentan con una sólida base teológica o un buen conocimiento doctrinal, su vida de obediencia sigue siendo débil y sienten que caminar con Cristo es algo pesado. Esto sucede porque a pesar de tener una comprensión intelectual de Dios, aún carecen de un conocimiento profundo y genuino que transforme su relación con Él y los impulse a vivir de acuerdo con Su voluntad.

La sabiduría y el conocimiento que Pablo pide son dados por medio del Espíritu Santo, según lo revelado en Juan 14:26, Hechos 6:3, 9-10, 1 Corintios 2:10-14, entre otros pasajes. Sin embargo, es importante aclarar que Pablo no está pidiendo que Dios les otorgue conocimiento secreto o esotérico que no esté disponible para otros ni sugiere que la Biblia no sea suficiente para nosotros. Más bien, lo que Pablo pide es un espíritu de sabiduría y revelación que permita a los creyentes comprender de manera más profunda lo que Dios ya ha revelado. Su oración busca que los cristianos entiendan mejor las implicaciones de las verdades que aprenden en la Escritura, las cuales a menudo repetimos casi de memoria, pero sin captar plenamente cómo se aplican a nuestra vida diaria.

La sabiduría es el conocimiento que se aplica a la vida diaria. Es lo que Dios dio a Salomón para que pudiera gobernar a su pueblo con justicia y discernimiento. Es la habilidad de entender las verdades reveladas por Dios en Su Palabra, para que puedas guiar a tu esposa y a tus hijos de acuerdo con Su voluntad. Es la capacidad que Dios otorga a los maestros para enseñar de manera profunda, llevando a sus alumnos más allá del conocimiento básico y ayudándoles a entender a un nivel más maduro. Es, además, la habilidad que el predicador debe solicitar cada vez que se dispone a estudiar la Escritura, para que al exponerla, sus oyentes no solo comprendan la verdad, sino que esa comprensión los transforme profundamente.

El conocimiento bíblico memorizado pero no comprendido forma personas orgullosas en lo doctrinal y legalistas en lo moral. Por ello, al acercarnos a la Biblia, no basta con analizar su trasfondo cultural o relacionarla con categorías de la teología sistemática, aunque estos acercamientos son valiosos para un estudio profundo. La sabiduría y la revelación que necesitamos trascienden estos aspectos. El verdadero propósito del conocimiento bíblico, según Pablo ora por los efesios, es discernir las demandas de Dios: cómo la Escritura debe moldear nuestra obediencia, renovar nuestro pensamiento y transformar nuestra vida en conformidad con la voluntad de Dios.

Por esta razón, Pablo ora para que los creyentes tengan un conocimiento más profundo de Cristo. Él sabe que al conocer más a Cristo, crecerá un amor más intenso hacia Él, y este amor resultará en una obediencia más genuina. Además, un mayor conocimiento de Cristo producirá una pasión más ferviente por Su causa y Su reino, debilitando al mismo tiempo nuestros afectos por el reino de este mundo. A medida que crece mi interés por conocer a Cristo, disminuye mi interés por lo que el mundo promueve a través de las redes sociales, la televisión y otros medios. Es sorprendente observar la pasión que despertó en tantos fanáticos del béisbol que Albert Pujols, un reconocido beisbolista dominicano, alcanzara los 700 jonrones, mientras que muchos muestran apatía ante los innumerables «jonrones espirituales» que Dios ha realizado desde que habló y toda la creación llegó a existir. Para algunos, el logro deportivo de Pujols genera más entusiasmo que la misma resurrección de Cristo, y más emoción que la gloria venidera, la cual, lamentablemente, ocupa tan poco espacio en nuestros pensamientos. Tristemente, la oscuridad del mundo brilla más que la luz de Cristo en las mentes y corazones de muchos que se llaman cristianos.

Cada vez que me acerco al texto bíblico para preparar un sermón, mi deseo más profundo es que al final termine conociendo mejor a Cristo, de tal manera que transforme todas las áreas de mi existencia:

- Como pastor, para cuidar a las ovejas con el amor y la dedicación de Cristo.
- Como médico, para ministrar con compasión al enfermo y al débil.
- Como profesional, para que mis logros reflejen Su gloria.
- En mis fracasos, para hallar refugio en Su gracia.
- En mi obediencia, para someterme más plenamente a Su señorío.
- En mis pecados, para comprender mejor Su gracia y perdón.
- En mis relaciones, para amar al prójimo como Él me amó.
- En las ofensas y heridas recibidas, para recordar las que todos hemos infligido a Cristo.
- En mis sufrimientos, para experimentar Su consuelo.
- Y en los momentos de alegría, para disfrutar aún más el gozo que Él da.

Ora por iluminación

Pablo continúa su oración, diciendo: «Mi oración es que los ojos de su corazón les sean iluminados, para que sepan cuál es la esperanza de Su llamamiento, cuáles son las riquezas de la gloria de Su herencia en los santos, y cuál es la extraordinaria grandeza de Su poder para con nosotros los que creemos, conforme a la eficacia de la fuerza de Su poder» (vv. 18-19).

Al orar que «los ojos de su corazón les sean *iluminados*» (cursivas añadidas), Pablo está pidiéndole a Dios que ayude a los efesios a comprender de una manera más profunda y real todo lo que Él les ha revelado, pues al hacerlo impactará grandemente la manera en que viven. Recientemente leía una noticia sobre el lenguaje de comunicación de las ballenas azules, y descubrí que estas criaturas emiten sonidos en una frecuencia tan baja que es inaudible para el oído humano. Sin embargo, ellas pueden percibir estos sonidos a más de 800 kilómetros de distancia, conectándose de formas que para nosotros serían imposibles sin una capacidad especial de audición. Si tuviéramos oídos como los de las ballenas, podríamos escuchar sus mensajes, pero no podemos porque no estamos diseñados naturalmente para ello.

De la misma manera, no podemos ver las riquezas de la gloria de Dios, a menos que Él ilumine los ojos de nuestro corazón. Por esa razón, Pablo pide que Dios nos dé una capacidad espiritual para «ver» y entender verdades que están más allá de nuestro alcance natural. Él quiere que los efesios —y nosotros— conozcamos con claridad, al menos tres verdades profundas que estudiaremos a continuación:

- La esperanza de Su llamamiento (que también es nuestra esperanza);
- las riquezas de la gloria de Su herencia en los santos (también es nuestra herencia); y
- la extraordinaria grandeza de Su poder (que actúa a nuestro favor).

La esperanza de Su llamamiento

¿A qué llamamiento se refiere Pablo? Si has nacido de nuevo, eres parte de la Iglesia de Dios. La palabra «iglesia» proviene del griego *ekklesia*, que significa «llamar fuera». Dios te ha llamado fuera del camino que conducía a la perdición y te ha colocado en el camino que lleva a la gloria. Ahora perteneces a Cristo, lo que significa que ya no puedes vivir como si tu vida te perteneciera.

Cuando estamos dispuestos a vivir según el plan que Dios ha elegido para nosotros, descubrimos los recursos que Él ha preparado: recursos celestiales que nos capacitan para vivir en obediencia y gozo. Sin embargo, si insistimos en seguir nuestros propios planes, experimentaremos una «escasez de recursos divinos». Pero no me refiero a una carencia de dinero, sino de las provisiones espirituales que Dios otorga para sostenernos en el camino de la fe.

Permíteme destacar cuatro aspectos del llamamiento de Dios que encontramos en la Biblia:

1. *El llamamiento de Dios es eterno e irrevocable.* Todo en nuestra vida—desde nuestro lugar de nacimiento hasta nuestros padres, dones y talentos—ha sido dispuesto por Él conforme a Su llamado. Todos nacemos con una hoja de ruta, pero debido a nuestra rebelión, nos apartamos de esa ruta y comenzamos a trazar nuestro propio destino. Esto mismo le ocurrió a Pablo. Aunque Dios lo había apartado desde el vientre de su madre para un propósito específico, él vivió inicialmente conforme a su propio plan, persiguiendo a la Iglesia de Cristo. Sin embargo, el llamado eterno de Dios sobre su vida no podía ser revocado (Rom. 11:29). Finalmente, Pablo dejó de vivir para sí mismo y comenzó a vivir para Cristo, cumpliendo así el propósito para el cual había sido llamado.
2. *El llamamiento de Dios trae esperanza.* Pablo ora para que Dios ilumine los ojos del corazón de los efesios, para que puedan comprender la esperanza de Su llamamiento. Pero, ¿qué esperanza es esa? En la Biblia, la palabra «esperanza» no se refiere a un simple deseo de que algo ocurra. No es una esperanza incierta o vacilante. Más bien, implica una certeza o seguridad de que algo se cumplirá. Lo que Pablo está pidiendo es que los efesios comprendan la firmeza y la certeza de las promesas que

acompañan al llamado de Dios, promesas que son inquebrantables y que se cumplirán sin falta.

3. *El llamamiento de Dios tiene un propósito.* Cuando Dios nos llamó, ¿qué propósito tenía en mente? Fuimos llamados para ser conformados a la imagen de Su Hijo (Rom. 8:28-29). Este llamamiento tiene como objetivo deshacer en nosotros la imagen del viejo hombre y formar en nosotros la imagen de Cristo. Nuestro llamamiento tiene el propósito más elevado del universo: transformar nuestras vidas de tal manera que reflejemos a Jesucristo. Ahora bien, todos quieren parecerse a Jesús, pero pocos están dispuestos a pasar por el proceso de poda y fuego que limpia las impurezas. Sin embargo, es precisamente a través de este trabajo continuo, paciente y profundo de Dios en nosotros que somos moldeados una y otra vez hasta que nuestra vida comienza a parecerse a la de Su Hijo.
4. *El llamamiento de Dios nos da valor.* El apóstol Pedro escribió en su primera carta: «Pero ustedes son linaje escogido, real sacerdocio, nación santa, pueblo adquirido para posesión de Dios, a fin de que anuncien las virtudes de Aquel que los llamó de las tinieblas a Su luz admirable» (1 Ped. 2:9). Dios nos llamó desde nuestra oscuridad y esclavitud para llevarnos a Su gloria. ¿Te das cuenta de lo extraordinario de este llamamiento? Somos un pueblo escogido porque fue Dios quien, en Su propósito y gracia, nos eligió. Esto le da un valor incomparable a nuestro llamado en Cristo. Somos real sacerdocio porque, a través de la muerte de Cristo, se nos abrió el camino directo al Padre, eliminando la necesidad de cualquier intermediario. Esto eleva aún más el valor de nuestro llamado, pero siempre en Cristo. Somos una nación santa porque al llamarnos, Dios nos apartó inmediatamente del resto del mundo. Este hecho añade un significado trascendental a nuestro llamado en Él.
5. *El llamamiento de Dios nos hace Suyos.* Finalmente, somos un pueblo adquirido para posesión de Dios. Ahora le pertenecemos, y eso eleva nuestro valor al máximo. Permíteme ilustrarlo.

> En una subasta, unos palos de golf que pertenecieron al expresidente John F. Kennedy se vendieron por un valor total de 1.160.000 dólares.
>
> Si esos mismos palos me hubieran pertenecido a mí, su valor no hubiese alcanzado ni los 100 dólares. ¿Qué les dio tanto valor? Simplemente el hecho de haber pertenecido al presidente Kennedy. Ahora imagina el valor que tenemos por el simple hecho de pertenecer a Dios.[46]

¿Sabes cuánto vale tu vida? La vida del unigénito de Dios; eso pagó Dios Padre por ti (Juan 3:16). Cristo nos compró en la cruz, no porque tuviéramos un valor intrínseco. De hecho, Romanos 3 nos describe como inútiles. Pero en otro sentido, nuestro valor es incalculable porque le pertenecíamos al Padre. Jesús lo expresa claramente cuando ora al Padre diciendo: «He manifestado tu nombre a los hombres que del mundo me diste; eran tuyos y me los diste» (Juan 17:6). Desde la eternidad pasada, éramos del Padre por Su elección, y eso nos otorgó un valor inmenso, como los palos de golf de Kennedy que alcanzaron su gran precio solo por pertenecer a alguien reconocido.

De la misma manera, Cristo nos consideró valiosos porque éramos posesión del Padre (Juan 6:37-39, 17:6, 9), quien es el ser más valioso y grandioso del universo. Dios nos rescató del lodo, nos limpió y nos transformó para que ahora podamos representar a la persona más pura del universo: Él mismo. Este es un privilegio inmenso. Fuimos llamados con un llamamiento santo (2 Tim. 1:9), lo que implica tanto un honor como una responsabilidad.

¿Cómo podemos proclamar las virtudes de Aquel que nos llamó si no nos santificamos? Todo privilegio conlleva una responsabilidad, y aunque el privilegio de nuestro llamado es inmenso, la responsabilidad que este impone no es menos grande.

---

[46] John J. Goldman, JFK's Golf Clubs Rake In the Green at Camelot Sale, *Los Angeles Times*, 26 de abril 1996.

Las riquezas de la gloria de Su herencia

En segundo lugar, Pablo ora para que los ojos del corazón de los efesios sean iluminados y así puedan comprender la extraordinaria grandeza de la gloria de Dios (comp. Rom. 9:23-24). Esta gloria está a disposición de todos los que creen. Es como una cuenta bancaria celestial, repleta de recursos divinos disponibles para tu sostenimiento diario y tu crecimiento espiritual. Cada vez que enfrentas una necesidad, puedes recurrir a esta «cuenta espiritual» y tomar de los tesoros que Dios ha puesto a tu disposición como Su hijo.

Estas son algunas de las «cuentas bancarias espirituales» a las que tienes acceso:

- Su gracia
- Su paz
- Su voluntad
- Su propósito
- Su gloria
- Su llamamiento
- Su herencia
- Su poder
- Su amor
- Su Espíritu
- Sus dones
- Su sacrificio
- Su fortaleza
- Su armadura

Cada uno de estos recursos es un recordatorio tangible de la extraordinaria riqueza de la gloria de Dios, la cual obra en nosotros y nos capacita para vivir en obediencia, gozo y victoria.

La extraordinaria grandeza de Su poder

En tercer lugar, Pablo ora para que los efesios lleguen a conocer la extraordinaria grandeza del poder de Dios. ¿A qué poder se refiere? Al mismo poder que obró en Cristo cuando lo resucitó de entre los muertos y lo sentó a la diestra de Dios en los lugares celestiales (v. 20). En la cruz, la naturaleza física de Jesús murió. Sus células dejaron de funcionar y el proceso natural de descomposición comenzó. Sin embargo, tres días después, por el poder del Espíritu Santo, esas mismas células fueron revitalizadas y la naturaleza humana de Cristo fue completamente restaurada.

Ese mismo poder que resucitó a Jesús de entre los muertos ahora actúa en los hijos de Dios. Es un poder que da vida a lo que estaba muerto y transforma lo que antes era incapaz de agradar a Dios. Por eso, Pablo anhela que los efesios —y nosotros también— comprendamos la magnitud de este poder que nos capacita para vencer la tentación y el pecado. Sin embargo, este poder no opera en quienes deciden vivir según sus propias fuerzas. Para experimentar Su obra transformadora, debemos vivir la vida que Cristo compró para nosotros con Su sangre. De lo contrario, enfrentaremos al enemigo con nuestras limitadas capacidades, las cuales son insuficientes para prevalecer.

La extraordinaria grandeza del poder del Espíritu que mora en nosotros tiene la capacidad de vencer el poder de la carne con todas sus pasiones y deseos, así como de resistir las innumerables y atractivas ofertas del mundo. Además, ese mismo poder es suficiente para triunfar en la guerra espiritual que libra el reino de las tinieblas contra nosotros. Esto es posible porque, como afirma Pablo, Cristo fue exaltado y sentado muy por encima de todo principado, autoridad, poder, dominio y de todo nombre que se nombra, no solo en este siglo, sino también en el venidero (v. 21). Su victoria garantiza nuestra fortaleza en Él.

Siéntate a los pies de Jesús

Como hemos aprendido, podemos orar por un conocimiento profundo de Cristo y la iluminación del Espíritu. Sin embargo, estas virtudes no se obtienen mediante una oración mecánica, la lectura superficial de la Biblia o un tiempo devocional basado en las reflexiones de otros. Tampoco se desarrollan al escuchar un sermón ocasional. Este nivel de conocimiento y discernimiento solo se alcanza al pasar tiempo con Cristo en una meditación intencional y profunda de Su Palabra. No te acerques a las Escrituras únicamente para leerlas; deja que ellas te lean a ti, confronten tus pensamientos y transformen tu vida.

En una ocasión, el reconocido ministro Harry Ironside (1876-1951), siendo aún joven, visitó a un hombre piadoso llamado Andrew Fraser, quien se encontraba en las etapas finales de la tuberculosis. Aunque respirar le resultaba extremadamente difícil, Fraser hizo el esfuerzo de conversar con Ironside y le dijo:

—Joven, estás tratando de predicar a Cristo, ¿verdad?

—Sí, respondió Ironside.

—Entonces siéntate un momento y hablemos acerca de la Palabra de Dios.

Andrew Fraser abrió su Biblia y con las pocas fuerzas que le quedaban, leyó pasaje tras pasaje, enseñándole a Ironside verdades que él nunca había visto ni valorado. Pronto, las lágrimas corrían por las mejillas de Ironside. Conmovido, le preguntó al señor Fraser:

—¿Podría decirme dónde encontrar un libro que explique estas verdades? ¿Aprendió usted esto en algún seminario o universidad?

Fraser le respondió:

—Mi querido joven, aprendí estas cosas de rodillas, en el suelo de una humilde casa en el norte de Irlanda. Allí, con mi Biblia abierta frente a mí, pasaba horas arrodillado, pidiendo al Espíritu de Dios que revelara a Cristo a mi alma y abriera Su Palabra a mi corazón. Él me enseñó más en esos momentos, en ese suelo de tierra, que todo lo que podría haber aprendido en los seminarios o universidades del mundo.[47]

---

[47] James Montgomery Boice, *Ephesians* (Grand Rapids: Baker Books, 1988), pág. 38.

James Montgomery Boice relata esa historia en su comentario de la carta a los Efesios, y agrega esta nota: «Ese es el secreto. No es inteligencia ni instrucción extraordinaria o grados académicos. Es tiempo pasado con Dios. Él les abre el corazón [o los ojos del entendimiento] solamente a personas que se sientan a los pies de Jesús».[48]

[48] Ibid.

Capítulo 12

Orando con el apóstol Pablo

Por madurez espiritual

Por esta causa, pues, doblo mis rodillas ante el Padre de nuestro Señor Jesucristo, de quien recibe nombre toda familia en el cielo y en la tierra. Le ruego que Él les conceda a ustedes, conforme a las riquezas de Su gloria, el ser fortalecidos con poder por Su Espíritu en el hombre interior; de manera que Cristo habite por la fe en sus corazones. También ruego que arraigados y cimentados en amor, ustedes sean capaces de comprender con todos los santos cuál es la anchura, la longitud, la altura y la profundidad, y de conocer el amor de Cristo que sobrepasa el conocimiento, para que sean llenos hasta la medida de toda la plenitud de Dios.
Efesios 3:14-19

En el capítulo anterior, exploramos la oración de Pablo a favor de los efesios pidiendo conocimiento e iluminación. Su propósito no era buscar secretos ocultos ni misterios esotéricos, sino profundizar en la comprensión de lo que ya ha sido revelado en las Escrituras, con el propósito de ser transformados y guiados a vivir conforme a esa verdad.

En este capítulo estudiaremos otra de las oraciones de Pablo en su carta a los efesios. En su oración encontramos al menos tres secciones principales, las cuales quiero invitarte a estudiar:

1. Una invocación
2. Una petición
3. Una motivación

Una invocación: al Padre de nuestro Señor Jesucristo

La oración de Pablo comienza con la expresión que también introdujo el capítulo: «Por esta causa» (vv. 1, 14). Esta «causa» se refiere al plan eterno de redención a través del cual Dios se propuso unir a judíos y gentiles en un solo pueblo, mediante Su gracia manifestada en Cristo Jesús. Este grandioso plan de salvación para toda la humanidad fue lo que llevó a Pablo a postrarse de rodillas ante el Padre.

En aquellos tiempos, orar de rodillas era la postura común, y generalmente se reservaba para momentos de profunda necesidad, decisiones cruciales o súplicas de gran importancia. Por ello, la oración de Pablo ameritaba esta postura, pues trataba un asunto de suma trascendencia.

Su oración va dirigida al «Padre de nuestro Señor Jesucristo, de quien recibe nombre toda familia en el cielo y en la tierra» (vv. 14b-15). En un sentido general, todos los seres vivientes —tanto angelicales como terrenales— derivan su existencia del Padre celestial. Pero en el sentido más específico, Dios es el Padre únicamente de aquellos que han recibido a Cristo como Señor y Salvador, así como de los seres angelicales que no cayeron junto a Satanás. En otras palabras, los creyentes de todas las épocas y los seres angelicales que sirven a Dios en los cielos, formamos una sola familia en Cristo.

Una petición: que nuestro hombre interior sea fortalecido

Veamos cuál es la petición que Pablo hace de rodillas ante el Padre de nuestro Señor Jesucristo: que les conceda «ser fortalecidos con poder por Su Espíritu en el hombre interior» (v. 16). ¿A qué se refiere con «el hombre interior»? En su carta a los corintios, Pablo habla del hombre interior y exterior:

> «Por tanto no desfallecemos, antes bien, aunque nuestro *hombre exterior* va decayendo, sin embargo nuestro *hombre interior* se renueva de día en día» (2 Cor. 4:16, cursivas añadidas).

Según Pablo, el hombre exterior es nuestra parte física, aquella que envejece, se deteriora y eventualmente muere. Por otro lado, el hombre interior representa nuestra esencia, lo que verdaderamente somos más allá del cuerpo físico. Este hombre interior incluye:

- nuestro espíritu regenerado,
- nuestra mente,
- nuestras emociones,
- nuestras convicciones,
- nuestro deseo por las cosas de Dios, y
- la imagen de Cristo que se va formando en nosotros.

Todo esto es lo que experimenta una renovación constante. Podríamos llamar a este proceso santificación, y no estaríamos equivocados. Sin embargo, para los propósitos de este capítulo, prefiero referirme a ello como madurez espiritual. Cuando Pablo ora para que, mediante el Espíritu de Dios, seamos fortalecidos en nuestro hombre interior, entiendo como algunos comentaristas bíblicos, que está pidiendo que crezcamos en madurez espiritual.

El hombre interior representa la mente, el corazón y la voluntad del individuo, como ya mencionamos. Nuestra mente necesita ser fortalecida porque constantemente es atacada por mentiras que el mundo nos vende, pensamientos, dudas, sentimientos de ira y resentimiento. La mente caída necesita ser conquistada por la Palabra de Dios, pues de lo contrario ella conquistará nuestro ser y nos alejará de Dios. La mente necesita llenarse de la revelación de Dios, porque de lo contrario se llenará de la insensatez del mundo.

Un niño es vulnerable en su manera de pensar; en cierto sentido, todo lo cree. ¿Por qué? Porque aún no ha alcanzado la madurez. De manera similar, la mente del cristiano que no medita en la Escritura es vulnerable y se convierte en una presa fácil para cualquier falsa enseñanza. Esto ocurre porque su mente no ha sido ejercitada en la verdad ni entrenada en la reflexión en torno a la sabiduría de Dios.

Uno de los pecados más comunes entre los cristianos es el letargo mental. Una mente letárgica es una mente adormecida, incapaz de crecer en el conocimiento de Dios. Esta mente se conforma más fácilmente a las ideas y filosofías del mundo que encuentra en su caminar, en lugar de ser moldeada por la sabiduría divina.

Pablo ora para que el hombre interior sea fortalecido, y esto abarca también el corazón, que es una forma de referirme a nuestros sentimientos. Los deseos de la carne constantemente combaten contra el alma (1 Ped. 2:11) y desvían al creyente, que a menudo se encuentra cautivado por lo que el mundo ofrece. Hasta que nuestro corazón sea conquistado por el carácter de Dios, no lograremos ganar las batallas espirituales. La mente necesita conocer a Dios para que como consecuencia, el corazón llegue a desearlo. Si un cristiano lucha continuamente con sus deseos, es porque su corazón late con poca fuerza y pasión por las cosas de Dios.

Además, la voluntad forma parte esencial de nuestro ser interior. Para ser fortalecida por el Espíritu de Dios, debe primero ser liberada de su esclavitud al pecado. Sin embargo, esta esclavitud está sostenida por dos pilares: la mente y el corazón. La mente, con su manera de pensar, y el corazón, con sus inclinaciones y fantasías, moldean la dirección de nuestra voluntad.

En última instancia, una voluntad débil no es el problema principal, sino el reflejo de una mente y un corazón que no han sido renovados. Por eso, en lugar de pedir algo material, Pablo eleva una oración más profunda y trascendental. Él confía en que Dios, fiel a Sus promesas, suplirá nuestras necesidades materiales, pero entiende que el fortalecimiento del hombre interior es clave para una vida piadosa.

¿Por qué es crucial que nuestro hombre interior sea fortalecido? Porque en los momentos de crisis, es este el lugar donde nos retiramos a reflexionar y donde se desarrolla nuestra comunión con Dios. Es allí donde examinamos nuestras convicciones, donde el Espíritu Santo nos guía hacia la voluntad de Dios, nos confronta y nos capacita para tomar decisiones que vencen al hombre exterior. La fortaleza o la debilidad de nuestro hombre interior marca la diferencia frente a las adversidades de la vida. Aquellos que resisten las tormentas son los que han sido fortalecidos internamente y que se convierten en personas espiritualmente inquebrantables.

Este es precisamente uno de los grandes problemas del hombre inconverso: no conoce a Dios ni entiende la importancia de su hombre interior. No ha leído mucho o casi nada acerca de Dios y, muchas veces, ni siquiera cree en Su existencia. Su atención está completamente centrada en el hombre exterior, atraído por las posesiones, el dinero, los placeres y el reconocimiento. Sin un hombre interior fortalecido, no tiene un refugio donde retirarse cuando las circunstancias lo demandan. Es un hombre que vive por vista, no por fe.

El apóstol Pablo habla con autoridad sobre la importancia de ser fortalecidos en el hombre interior porque él mismo enfrentó naufragios, fue apedreado, maltratado y azotado. Sin embargo, todas esas pruebas afectaron únicamente su hombre exterior, mientras que su hombre interior salía fortalecido con cada dificultad. Por eso, él ora con convicción pidiendo este fortalecimiento para los efesios.

Algo digno de resaltar es que Pablo no pide cualquier tipo de fortaleza; pide que Dios fortalezca el hombre interior «conforme a Sus riquezas en gloria». Esto significa que el apóstol desea que Dios use los recursos infinitos de Su gloria para obrar en nuestro ser interior. Es crucial notar que Pablo no pide fortaleza basada en nuestras oraciones, pues a menudo no sabemos cómo orar como conviene (Rom. 8:26), y muchas veces nuestras oraciones reflejan nuestras limitaciones y no la grandeza de Dios. Por lo general, nuestras peticiones son más egocéntricas que cristocéntricas.

Tampoco pide que este fortalecimiento dependa de nuestra fe, ya que nuestra fe es débil, ni de nuestro entendimiento, porque la mente humana es finita e incapaz de comprender plenamente los designios de

Dios. En cambio, Pablo pide que el fortalecimiento venga mediante el poder del Espíritu Santo y conforme a las riquezas de Dios en gloria. Estas riquezas incluyen:

- Su gracia
- Su sabiduría
- Su santidad
- Su poder
- Su voluntad
- Y todo lo que Dios es.

Esta es una petición inmensa. Si Dios decide derramar Sus riquezas en nuestro hombre interior, el resultado será un hombre cuya única motivación sea Dios, Su gloria y Sus propósitos. ¿Te imaginas cómo sería un hombre lleno de las riquezas incomparables de Cristo? Un hombre así viviría completamente rendido al Señor y transformado para reflejar Su gloria en todo lo que hace.

Una motivación: que Cristo habite en nuestro corazón

El motivo de la oración de Pablo es que los efesios sean fortalecidos en su hombre interior «de manera que Cristo habite por la fe en sus corazones. También ruego que arraigados y cimentados en amor, ustedes sean capaces de comprender con todos los santos cuál es la anchura, la longitud, la altura y la profundidad, y de conocer el amor de Cristo que sobrepasa el conocimiento, para que sean llenos hasta la medida de toda la plenitud de Dios» (vv. 17-19).

La frase «que Cristo habite en sus corazones» puede parecer confusa, considerando que los efesios ya eran creyentes. ¿Por qué pedir que Cristo habite en sus corazones, si entendemos que Cristo ya habita en el corazón de aquellos que han creído? Sin embargo, el término griego usado aquí, *katoikeo*, no solo implica habitar, sino hacerlo de manera permanente y cómoda, como quien reside en un lugar de forma estable y plena.[49] Por lo tanto, la petición de Pablo no se centra en que Cristo simplemente *habite* en sus corazones (pues Él ya mora en todo creyente), sino más bien hace un énfasis en la *calidad* de Su habitación o morada.

En otras palabras, Pablo ora para que, a través del fortalecimiento espiritual por el Espíritu Santo, los efesios desarrollen una comunión tan íntima y continua con Cristo, que Él se sienta completamente complacido de morar en ellos. Esto implica una vida donde Cristo no solo está presente, sino que es el centro absoluto, donde gobierna y transforma cada aspecto del corazón y de la vida del creyente.

La realidad es que Cristo ya habita en los corazones de todos los creyentes, pero en muchos, no se siente complacido con la calidad de esa morada porque la vida de ellos no es congruente con la santidad de Cristo. En cambio, Cristo anhela habitar en creyentes que dependen constantemente del Espíritu de Dios, y por consiguiente, son renovados cada día por medio de Su poder.

Arraigados y cimentados en amor

La oración de Pablo tiene como motivación que, al habitar Cristo en sus corazones, los efesios también sean arraigados y cimentados en amor (Ef. 3:17b). Para Pablo, el amor ocupa un lugar central en sus cartas, quizá porque tanto sus lectores originales como nosotros hoy en día no hemos comprendido plenamente la importancia y el peso del amor en la vida cristiana.

En su primera carta a los corintios, Pablo destaca que, aunque los dones del Espíritu son valiosos y cumplen un papel crucial en la vida cristiana, solo tres virtudes permanecerán para siempre: la fe, la esperanza y el amor. Pero de estos tres, el mayor es el amor (1 Cor. 13:13). ¿Por qué el amor es superior incluso a la fe y la esperanza? Porque fue el amor lo que movió al Padre a enviar a Su Hijo al mundo, y fue el amor lo que llevó a Cristo a despojarse de Su gloria y abrazar la vergüenza de la cruz. Además, el amor a Dios es el más grande de los

---

[49] *Practical Word Studies in the New Testament*, vol. 1, (TN: Chattanooga, 1998), pág. 628.

mandamientos, seguido del mandato de amar a nuestro prójimo como a nosotros mismos (Mat. 22:37-39).

El amor es tan esencial que sin él, incluso los mayores dones y actos de fe pierden su significado. Como escribe Pablo, aunque poseas la capacidad de mover montañas, si no tienes amor, eres como un metal que resuena o un címbalo que retiñe (1 Cor. 13:1). El pastor y teólogo Donald Barnhouse, conocido como uno de los más destacados predicadores del siglo pasado, describió el amor como el fundamento sobre el cual se edifican los frutos del Espíritu. Según él, cada fruto refleja una faceta del amor:

- El amor es la llave.
- El gozo es el canto del amor.
- La paz es el descanso del amor.
- La paciencia es el amor perseverando.
- La benignidad es el toque del amor.
- La bondad es el carácter del amor.
- La fidelidad es el hábito del amor.
- La mansedumbre es el amor que se olvida de sí mismo.
- El dominio propio es el amor controlándolo todo.[50]

Dios, en Su sabiduría, revela que el fundamento sólido de cualquier edificio espiritual es la capacidad de amar. La salud de la iglesia depende directamente de la profundidad del amor que sus miembros profesan y practican.

Pablo utiliza dos poderosas metáforas para destacar esta verdad. Primero, recurre a la agricultura al pedir que nuestras vidas estén *arraigadas* en el amor, como un árbol cuyas raíces profundas le brindan fortaleza y estabilidad. A medida que esas raíces crecen y se hunden más en la tierra, el árbol se hace más resistente. De la misma manera,

---

[50] Kent Hughes, *Ephesians, Preaching the Word Commentary* (Wheaton: Crossway Books, 1990), pág. 116.

nuestras vidas deben echar raíces profundas en la tierra del amor para encontrar sustento y firmeza. Luego, Pablo añade una metáfora de la construcción, hablando de que seamos *cimentados* en amor, como un edificio que se levanta sobre un fundamento sólido, asegurando estabilidad y resistencia. Ambas imágenes resaltan que el amor es esencial tanto para nutrir como para sostener la vida espiritual, tanto de los individuos como de la iglesia en su conjunto.

Cuando este amor reina en la iglesia, su efecto transformador se hace evidente. Una comunidad fundamentada en el amor de Dios será un lugar libre de división, chismes y críticas destructivas. Allí, el hermano que ha caído encontrará restauración, porque amar como Dios ama implica no amar a las personas en su pecado, sino amarlas a pesar de su pecado. Este amor refleja el carácter redentor y transformador de Dios, quien nos llama a edificar vidas y comunidades marcadas por la gracia y la reconciliación. Así como un árbol bien arraigado resiste las tormentas y un edificio bien cimentado soporta los embates del tiempo, una iglesia arraigada y cimentada en amor será capaz de reflejar la gloria de Dios en unidad, fortaleza y restauración.

Controlados por Su amor

Pablo ora fervientemente para que los creyentes «sean capaces de comprender con todos los santos cuál es la anchura, la longitud, la altura y la profundidad, y de conocer el amor de Cristo que sobrepasa el conocimiento» (Ef. 3:18-19). Estas palabras nos invitan a explorar las dimensiones infinitas del amor de Dios, un amor que desafía todo entendimiento humano.

El amor de Dios es eterno e ilimitado. A. W. Tozer expresó esta verdad al decir: «Dios es eterno. Su amor no tuvo comienzo ni tendrá fin, porque Dios es infinito y no conoce límites. Su amor es puro porque Dios es santo, y es incomprensible porque Dios es inmenso».[51] Incluso el apóstol Pablo, con toda su sabiduría y experiencias espirituales, confesó no poder abarcar completamente este amor. Sin embargo, comprendió

---

[51] A. W. Tozer, *The Knowledge of the Holy* (Nueva York: Harper & Row, 1961), pág. 105.

algo esencial: «El amor de Cristo *nos apremia*» (2 Cor. 5:14, énfasis añadido). Este versículo, traducido de diferentes maneras como nos constriñe (RVR60), nos impulsa (RV2015), nos controla (NTV), o nos obliga (NVI), refleja cómo el amor de Cristo dirige y transforma cada aspecto de nuestra vida. Eugene Peterson, en *The Message*, lo traduce así: «Su amor tiene la primera y la última palabra en todo lo que hago».

Las dimensiones del amor de Dios

Muchos creyentes aún no han comprendido la inmensidad del amor de Dios hacia Sus hijos. Pablo nos lleva a reflexionar sobre sus dimensiones:

- La anchura: Este amor abarca a toda la humanidad, sin importar raza, cultura o estatus social. Por eso, tanto judíos como gentiles son invitados a formar parte de la familia de Dios.
- La longitud: El amor de Dios es eterno. Él nos amó antes de la fundación del mundo, incluso antes de que existiéramos. Como el amor de una madre por el hijo que aún no ha nacido, el amor de Dios trasciende el tiempo y las circunstancias. Si el amor de una madre pecadora es tan profundo, ¡cuánto más el amor de un Dios santo y perfecto!
- La profundidad: Cristo descendió hasta lo más bajo para redimirnos. Su amor lo llevó a la cruz, donde pagó nuestra deuda, una que nosotros nunca podríamos saldar. Esa es la profundidad del amor que nos rescata.
- La altura: Este amor tiene el poder de elevarnos desde la miseria del pecado hasta la gloria de la presencia de Dios. Como dijo el apóstol Juan: «Miren cuán gran amor nos ha otorgado el Padre, que seamos llamados hijos de Dios» (1 Jn. 3:1). Este amor no solo nos transforma, sino que nos promete una eternidad semejantes a Cristo.

Si la profundidad del amor de Dios llevó a Cristo a humillarse, la altura de ese amor nos eleva a compartir Su gloria. A diferencia de nuestro amor humano, que suele responder a lo atractivo o deseable, el amor de Dios no depende de nuestras virtudes. Nos amó no por lo que éramos, sino por lo que Él haría de nosotros. Su amor es, verdaderamente, incomprensible.

Completamente llenos de Su plenitud

Pablo desea que entendamos esta inmensidad del amor de Cristo con un propósito: «Para que sean llenos hasta la medida de toda la plenitud de Dios» (Ef. 3:19). La palabra griega para *plenitud* implica estar completamente dominado por algo. Así como alguien lleno de ira está controlado por su enojo, quien está lleno de la plenitud de Dios vive bajo la influencia total de Su voluntad y propósito.

¿Por qué, entonces, nos conformamos con las riquezas efímeras de este mundo cuando Dios nos ofrece las riquezas eternas de Su gloria? Permíteme ilustrarte esta verdad con una anécdota. Un hombre indigente pidió limosna a un transeúnte sin darse cuenta de que era su propio padre. Al reconocerse, el padre le dijo con lágrimas: «Hijo mío, te he buscado por años. Todo lo que tengo es tuyo». El hijo, sorprendido, respondió: «He estado mendigando por dieciocho años, sin saber que todo esto era mío». Así también, Cristo nos busca para ofrecernos todo lo que Él es y tiene, mientras nosotros mendigamos las migajas del mundo.

Es hora de dejar de buscar las riquezas del mundo y abrazar las incomparables riquezas en Cristo. Mi oración es que dejemos de debilitar nuestro hombre interior con las pobrezas de este siglo y lo fortalezcamos con las riquezas en gloria que Dios nos ofrece.

Dios quiere darte:

- Su mente para pensar.
- Su corazón para sentir.
- Su sabiduría para discernir.
- Su voluntad para caminar.

- Su santidad para librarte del pecado.
- Su gracia y favor para vivir con propósito y gozo.

Cuando somos llenos hasta la plenitud de Dios, dejamos de ser mendigos espirituales y comenzamos a vivir como hijos de un Rey. ¡Que esta sea nuestra meta!

ORACIONES POR LA NACIÓN

Capítulo 13

Orando con Salomón por la nación

Por su bienestar y protección

Entonces Salomón se puso delante del altar del Señor en presencia de toda la asamblea de Israel y extendió las manos al cielo. Y dijo: «Oh Señor, Dios de Israel, no hay Dios como Tú ni arriba en los cielos ni abajo en la tierra, que guardas el pacto y muestras misericordia a Tus siervos que andan delante de Ti con todo su corazón, que has cumplido con Tu siervo David mi padre lo que le prometiste; ciertamente has hablado con Tu boca y lo has cumplido con Tu mano como sucede hoy. Ahora pues, oh Señor, Dios de Israel, cumple con Tu siervo David mi padre lo que le prometiste, diciendo: "No te faltará quien se siente en el trono de Israel, con tal que tus hijos guarden su camino para andar delante de Mí como tú has andado delante de Mí". Ahora pues, oh Dios de Israel, te ruego que se cumpla Tu palabra que hablaste a Tu siervo, mi padre David».

1 Reyes 8:22-26

El 24 de agosto del año 1662, unos 900 ministros puritanos fueron despojados de su ordenación y de sus posiciones en la Iglesia de Inglaterra, por rehusar conformarse al mundo y a nuevas disposiciones estatales que eran contrarias a la Palabra de Dios. Finalmente, el número total de los expulsados es variable dependiendo de las fuentes consultadas; pero probablemente fueron unos 2000 ministros los que terminaron siendo expulsados. Este hecho fue conocido como *The Great Ejection* (La Gran Expulsión).[52]

El puritanismo de Inglaterra y luego de Estados Unidos representó un llamado al arrepentimiento de manera general para la iglesia de sus días con un énfasis en la predicación de la Palabra, la oración, la meditación en las Escrituras y la práctica de lo aprendido en la revelación de Dios. Todas las anteriores impactan significativamente en la vida del creyente. Menciono todo lo anterior porque creo que estamos en un tiempo similar en la iglesia de hoy, y de no producirse un regreso a Dios, no veo mucha esperanza para la iglesia en general. Por eso, creo que el texto sobre el cual estaremos reflexionando es bueno para recordarnos cómo interceder por la Iglesia y por las naciones en estos tiempos tan turbulentos.

La oración que nos servirá de enseñanza fue hecha por el rey Salomón, el día en que dedicó el templo de Israel al finalizar su construcción, la cual fue llevada a cabo bajo su reinado y bajo su dirección. David, su padre, había expresado su deseo de construir una casa de adoración para el Señor y Dios le había negado dicho deseo debido a que David había derramado mucha sangre, según leemos en 1 Crónicas 22:8.

El mismo día que Dios le negó a David dicho deseo, le prometió que su hijo Salomón tendría el honor de ser quien le edificara la casa de adoración para todo el pueblo. Salomón terminó de construir el templo y entonces dispuso que el arca del pacto fuera trasladada desde el lugar donde había reposado por un tiempo, al nuevo lugar santísimo en el interior de este templo. Ese día hubo una gran celebración; el número de sacrificios fue tan numeroso que su número no se podía contar. Los sacerdotes tomaron el arca del pacto y la trasladaron hasta el lugar santísimo y una vez que la colocaron allí, esto es lo que aconteció de acuerdo con los versículos 10-11 del capítulo 8 de 1 Reyes, que estamos analizando:

«Y sucedió que cuando los sacerdotes salieron del lugar santo, la nube llenó la casa del Señor, así que los sacerdotes no pudieron quedarse

---

[52] Iain Murray, *The Banner of Truth magazine* (Ejemplar 26, junio 1962).

a ministrar por causa de la nube, porque la gloria del Señor llenaba la casa del Señor».

La misma nube que acompañó al pueblo en el desierto y que los protegió del calor del día desde el inicio de su travesía y por los próximos cuarenta años (Ex. 13:21-22), la misma nube que cubrió el monte Sinaí cuando Dios descendió para otorgar la ley a Moisés (Ex. 19:16-18), la misma nube que descendía sobre el tabernáculo cuando Moisés entraba para hablar con Dios (Ex. 33:9-11) fue la nube que vino a llenar la casa del Señor porque era representativa de la gloria del Señor o de la presencia manifiesta del Señor. Es lo que los rabinos denominaban la *Shekinah*. En el judaísmo la *Shekinah* es la presencia de Dios o la gloria de Dios manifestada.

Hoy en día, no tenemos una nube como aquella que el pueblo vio en el Antiguo Testamento, pero existe hoy un sentido especial de la presencia de Dios que a veces se hace casi tangible y que es imposible de poner en palabras. Para el gran predicador del siglo pasado, A. W. Tozer, no había ningún otro tema más importante que lo que él y otros han llamado la presencia manifiesta de Dios. Cuando un creyente o peor, toda una iglesia, pierde el sentido de la presencia manifiesta de Dios, ese creyente comienza a recordar las cosas que disfrutó en su vida anterior a su conversión (su Egipto) y no pasará mucho tiempo antes de que él o toda la iglesia se encuentren viviendo en Egipto, nación donde los israelitas fueron esclavizados y donde vivieron entre paganos antes de que Dios los sacara al desierto para darles libertad.

Cuando ores, pídele a Dios que te dé todos los días Su presencia manifiesta al precio que sea; independientemente de si te cuesta:

- sacrificios,
- un estilo de vida,
- una reducción de tus ingresos,
- menos relaciones o
- menos diversiones.

La pérdida de la presencia manifiesta de Dios no tiene precio. Y en esta oración veremos cómo Salomón pide para que Dios no retire Su presencia de ellos.

- Es esa pérdida lo que hace que los mandamientos de Dios parezcan gravosos para el creyente.
- Esa pérdida es lo que hace de la vida cristiana algo rutinario o «más de lo mismo» como dirían otros.
- Es esa pérdida lo que provoca el deseo de vivir en «Egipto» o por lo menos de visitar Egipto ocasionalmente.

Como veremos más adelante, Dios no necesitaba ni necesita un templo para morar; más bien el templo necesita a Dios. El templo representaba el punto de contacto entre el pueblo y Dios. Adán y Eva fueron expulsados del jardín del Edén el día que pecaron, pero Dios siempre permaneció con el deseo de morar con Su pueblo. Debido a la separación que el pecado estableció entre Dios y nosotros, el mismo Dios buscó un punto de contacto para seguir morando en medio de Su pueblo. En el Antiguo Testamento, ese punto de contacto fue el tabernáculo en los días de Moisés y posteriormente, el templo. En nuestros días el punto de contacto entre Dios Padre y nosotros es Cristo Jesús y Su presencia es mediada hoy en día a través del Espíritu Santo. En el libro de Apocalipsis, Jesús es identificado como nuestro templo o nuestro tabernáculo (21:3, 22).

La oración que estás a punto de leer es extensa y realmente no es mi intención exponer toda la teología contenida en ella, sino más bien, ver qué enseñanzas podemos extraer del texto que nos permita mejorar nuestra vida de oración y en especial la oración por nuestra nación.

Al leer la oración, estoy seguro de que muchos se preguntarán si esta oración tan extraordinaria la pronunció el mismo hombre que se alejó tan profundamente de la presencia de Dios hasta el punto de acumular 1000 mujeres y de haber experimentado en la vida con todos los placeres que pudo imaginar. Y la respuesta es que, el mismo Salomón que hizo una cosa, hizo la otra.

Que la oración misma nos sirva de enseñanza para ver que es posible en un momento dado de nuestro caminar experimentar la presencia de Dios de la manera más cercana y en otro momento, parecer como el peor de los incrédulos. Y lo único que establece esa diferencia es el grado de cercanía a Dios. Al momento de hacer esta oración, Salomón estaba respondiendo a la presencia de Dios en aquel lugar, y por eso ora de una manera humilde; como alguien que está en necesidad de Dios; como alguien que está viviendo en intimidad con Dios; y como alguien que reconoce la necesidad continua de apelar a la misericordia de Dios.

Sin embargo, con el tiempo, Salomón se pierde en el camino y al extraviarse, perdió el sentido de lo sagrado. Y ese siempre es el caso con nosotros los seres humanos. Cuando caminamos con Dios, tendemos a mantenernos lejos del pecado. Pero cuando nos alejamos de Dios, primero comenzamos a coquetear con el pecado; luego consideramos hasta dónde nos atrevemos a transgredir la ley de Dios; y, finalmente, perdemos el sentido de que estamos viviendo en la práctica cotidiana del pecado.

Al hacer la oración, Salomón estaba en los atrios del templo frente al altar de bronce (v. 22) donde se ofrecían los sacrificios. Notemos la actitud de reverencia al orar: Salomón alzó sus brazos al cielo, estando de rodillas (8:54). Ya la asamblea se había puesto de pie previamente (2 Crón. 6:3). Las manos elevadas hacia el cielo han sido interpretadas metafóricamente como una actitud de apertura de alguien que está dispuesto a recibir de parte de Dios lo que Él determine dar. Inmediatamente después, Salomón reconoce y afirma la singularidad de Dios y lo incomparable que Dios es: «No hay Dios como Tú ni arriba en los cielos ni abajo en la tierra» (v. 23a). Con esta frase Salomón afirma el primero de los Diez Mandamientos: «No tendrás otros dioses delante de mí» (Ex. 20:3). Tanto el primer mandamiento como la oración de Salomón representan un rechazo a la idolatría, entendiendo por ídolo cualquier persona o cosa en la que confíes que no sea el Dios eterno. Si el Señor es el Dios del cielo y de la tierra, entonces no debe haber nada que nos lleve a tomar una decisión que sea contraria a la dirección de Dios. Inmediatamente después, Salomón continúa con estas palabras: «Que guardas el pacto y muestras misericordia a Tus siervos que andan delante de Ti con todo su corazón» (v. 23b). Palabras similares a las que Dios usó el día que hizo pasar Su gloria delante de Moisés en el monte Sinaí (Ex. 34:5-7). Lo que Salomón hace es orar la Palabra misma de Dios; es como si estuviera tomando prestadas las palabras de Dios para orar a Él. En otras palabras, Salomón estaba diciendo: «Yo sé que Tú eres un Dios fiel porque lo has dicho y lo has demostrado. Por tanto, yo lo he creído». Es bueno recordarnos a nosotros mismos quién es Dios a la hora de orar. Como Salomón reconocía que Dios es fiel, le dice en el versículo 26: «Te ruego que se cumpla Tu palabra que hablaste a Tu siervo, mi padre David». Salomón no le está recordando a Dios lo que prometió y que parece haber olvidado ni le está demandando que cumpla Su promesa. Salomón sabía que era imposible que Dios no cumpliera lo que promete. Salomón solo está afirmando que ha creído lo que Dios prometió. Entonces, pide en oración el cumplimiento de la promesa de Dios de que siempre habría un descendiente de David en el trono. Dios prometió eso y lo ha cumplido porque Cristo es ese descendiente de David que habría de venir y que ahora está sentado para siempre en el trono de Dios.

Al orar, es bueno afirmar que creemos lo que Dios ha dicho o prometido... es como estar atravesando una circunstancia muy difícil y decir en oración: «Acuérdate que Tú dijiste que todas las cosas cooperan para bien». Es como si dijeras: «Es con esa promesa que estoy contando». Orar de esa manera es una forma de expresar nuestra confianza en el carácter de Dios. Es como si le estuvieras diciendo a Dios: «Aunque no lo vea, confío que todas las cosas cooperarán para bien». Dios lo ha dicho y nosotros lo afirmamos. En adelante, continuaremos viendo esta oración, pero iremos leyendo y exponiendo un par de versículos a la vez para poder tener una mejor comprensión. Escucha cómo Salomón continúa afirmando que conoce de manera personal al Dios a quien se dirige (v. 27):

«Pero, ¿morará verdaderamente Dios sobre la tierra? Si los cielos y los cielos de los cielos no te pueden contener, cuánto menos esta casa que yo he edificado».

Con esto, Salomón deja en claro que Dios no puede habitar en un templo porque ni siquiera toda Su creación lo puede contener. De manera que el templo no fue construido para beneficio de Dios; fue construido por orden de Dios para beneficio del pueblo, porque como ya dijimos, ese era el punto de contacto entre Dios y el hombre. El lugar donde el hombre vendría a orar y ofrecer sacrificios para el perdón de sus pecados hasta que llegara el sacrificio perfecto ofrecido por Cristo Jesús. Dios nunca ha creado o hecho nada para Su beneficio, porque Dios nunca puede beneficiarse de nada ya que lo tiene todo y es autosuficiente. Todo cuanto Dios ha dicho y hecho lo ha dicho y lo ha hecho para Su gloria, pero también lo ha hecho para beneficio de Sus criaturas. Esas dos afirmaciones no son excluyentes. Lo que a Dios glorifica, a nosotros nos beneficia. Ahí se ve la bondad de Dios. Salomón sigue orando de una manera consistente con la fidelidad de Dios que es la centralidad de toda esta oración. Cada vez que Dios responde una oración, Su respuesta es mejor que la petición que le hicimos y eso es una evidencia de Su fidelidad y benevolencia. Cada oración que no hicimos, pero que el Hijo de Dios o Su Espíritu hizo por nosotros, es otra evidencia más de la fidelidad de Dios para con los Suyos. Cada oración «no respondida» o más bien, respondida con un «no» o «no todavía», es otra evidencia de Su fidelidad.

En el versículo 28, Salomón luce como un verdadero intercesor con un corazón que siente por el pueblo de Dios. Ese modelo de intercesión debe servirnos para que se nos recuerde del gran intercesor que tenemos en Cristo Jesús, porque Él supera con creces a Salomón en cualquiera de sus funciones. Y a la vez, Salomón nos enseña cómo orar al interceder por la nación:

«No obstante, atiende a la oración de Tu siervo y a su súplica, oh Señor Dios mío, para que oigas el clamor y la oración que Tu siervo hace hoy delante de Ti; que Tus ojos estén abiertos noche y día hacia esta casa, hacia el lugar del cual has dicho: "Mi nombre estará allí", para que oigas la oración que Tu siervo haga hacia este lugar. Y escucha la súplica de Tu siervo y de Tu pueblo Israel cuando oren hacia este lugar; escucha Tú en el lugar de Tu morada, en los cielos; escucha y perdona» (vv. 28-30).

En el versículo 28, Salomón usa tres palabras distintas para referirse a la oración:

- La primera es la misma palabra **oración**, que usualmente hace referencia a una intercesión de manera general.
- La segunda es **súplica**, que es una oración más intensa, de mayor fervor.
- La tercera es **clamor**, frecuentemente usada en tiempos de dificultad o angustia.

Ya Dios había dicho que Sus ojos estarían sobre Israel y Sus oídos estarían atentos a su clamor y de ahí la expresión de Salomón en el versículo 29 que acabamos de leer. Y por cierto, así lo había hecho. El Señor había respondido a cada clamor genuino que el pueblo de Israel había hecho y lo sigue haciendo hoy con nosotros, siempre y cuando estemos orando con un corazón contrito y humillado. Salomón quiere que Dios escuche no solo la oración que él está haciendo, sino la oración que el pueblo haga en el futuro (v. 30):

«Y escucha la súplica de Tu siervo y de Tu pueblo Israel cuando oren hacia este lugar; escucha Tú en el lugar de Tu morada, en los cielos; escucha y perdona».

Lo único que Salomón ha hecho hasta ahora es invocar el nombre de Dios al orar y recordar cosas que ya Dios había prometido para Su pueblo o para Sus hijos. Hasta ahora, Salomón ha hecho solamente dos peticiones resumidas en el versículo 30 en dos palabras: **escucha y perdona.** Yo aprendí a pedir perdón de manera prioritaria leyendo la Biblia. Si es verdad que nuestros pecados crean distancia relacional entre Dios y nosotros es una buena práctica iniciar nuestras oraciones pidiendo perdón por nosotros mismos y por la nación, porque nunca vivimos un solo día en perfecta conformidad con la ley de Dios. Y los habitantes de las naciones viven violando Su ley continuamente porque la mayoría no conoce a Dios.

Lo que Salomón hace en adelante es anticipar una serie de circunstancias por las cuales posiblemente el pueblo podría atravesar en un futuro y le pide a Dios de antemano que cuando esas circunstancias ocurran, tenga misericordia para perdonarlos. Prestemos atención porque en estas palabras encontraremos sabiduría para orar por nuestra nación, por las naciones del mundo y por la Iglesia de Dios.

Primero, Salomón pide por justicia (vv. 31-32):

«Si alguien peca contra su prójimo y se le exige juramento, y viene y jura delante de Tu altar en esta casa, escucha Tú desde los cielos y obra y juzga a Tus siervos, condenando al impío haciendo recaer su conducta sobre su cabeza, y justificando al justo dándole conforme a su justicia».

Esta petición está relacionada con casos donde alguien pecó contra otra persona y no hubo testigos. Por tanto, no se sabe quién es el inocente y quién es el culpable. En esos casos se le pedía a la persona que jurara ante Dios. Entonces, Salomón está pidiendo que si eso ocurre, que Dios sea el juez, que Él haga justicia, que Él haga recaer Su justicia sobre el culpable y que termine justificando al inocente. Esa es una excelente petición para nuestros días donde hay tantos casos de corrupción con cosas ocultas que solo Dios conoce.

Segundo, Salomón ora por el rescate de la nación si es derrotada por otra nación como castigo de parte de Dios (vv. 33-34):

«Cuando Tu pueblo Israel sea derrotado delante de un enemigo por haber pecado contra Ti, si se vuelven a Ti y confiesan Tu nombre, y oran y te hacen súplica en esta casa, escucha Tú desde los cielos y perdona el pecado de Tu pueblo Israel, y hazlos volver a la tierra que diste a sus padres».

Mas de una vez, Israel fue derrotado en batalla por haber pecado. Salomón es consciente de que los conflictos entre las naciones son causados por el pecado de los hombres, pero también es consciente de que ninguno de esos conflictos ocurre fuera de la providencia de Dios. En la época de los jueces, en los tiempos del Antiguo Testamento, la nación de Israel fue oprimida múltiples veces por tribus que convivían alrededor de ellos. Estas derrotas fueron permitidas por Dios por su idolatría e inmoralidad. Pero cuando el pueblo se arrepintió y clamó a Dios, el Señor siempre lo escuchó y le envió jueces para libertarlos. Y esto ocurrió durante unos 350-400 años durante siete períodos diferentes de: pecado – opresión – arrepentimiento – perdón y liberación por medio de uno de los jueces levantados por Dios (ver libros de Jueces).

La Iglesia del Señor parece estar siendo derrotada por el secularismo de nuestros días. Pero antes de perder su influencia o relevancia, la Iglesia pierde su trascendencia y pasa a ser una institución humana más. No hay duda de que la Iglesia de Cristo en Occidente está bajo gran oposición y todas las predicciones son que la oposición aumentará. En esas circunstancias, la Iglesia de Cristo puede volverse una activista o puede volver sus ojos a Dios, confesar sus pecados, aumentar su vida de oración y confiar en la fidelidad de su Dios.

En la oración de Salomón, las condiciones para que Dios intervenga son tres, las cuales aparecen en el versículo 33:

a) si se vuelven a Ti y
b) confiesan Tu nombre, y
c) oran y te hacen súplica en esta casa.

Es bueno recordar estas palabras a la Iglesia de hoy porque peleándonos en las redes sociales no vamos a lograr que el Dios de los cielos obre a favor de Su iglesia y de cada una de las naciones. Y ser una institución activista más, no nos ganará el favor de Dios ni el oído del pueblo.

Tercero, Salomón pide para los casos cuando Dios haya causado que el clima cambie como consecuencia del pecado del hombre. Por ejemplo, cuando la lluvia deje de caer y haya sequía; para que en esos casos, Dios tenga misericordia, si el pueblo ora, confiesa Su nombre y se vuelve de sus malos caminos. Obviamente, Salomón creía en la providencia de Dios que controla y regula las condiciones climáticas. En la historia de Israel, hubo ocasiones en las que Dios retuvo la lluvia como juicio sobre la nación. Para esos casos, Salomón expresa en oración su deseo de que Dios los perdone, que les enseñe el camino por donde deben andar y que les envíe la lluvia (vv. 35-36):

«Cuando los cielos estén cerrados y no haya lluvia por haber ellos pecado contra Ti, y oren hacia este lugar y confiesen Tu nombre, y se vuelvan de su pecado cuando Tú los aflijas, escucha Tú desde los cielos y perdona el pecado de Tus siervos y de Tu pueblo Israel; sí, enséñales el buen camino por el que deben andar. Y envía lluvia sobre Tu tierra, la que diste a Tu pueblo por heredad».

Dado todos los avances tecnológicos de nuestros días, somos muy dados a encontrar una explicación científica a todos los cambios que vemos, ya sean climáticos o de plagas o enfermedades. Y ciertamente existen explicaciones que la ciencia puede dar. En la época del Antiguo Testamento también había explicaciones científicas para aquellos fenómenos que experimentaban, pero la ciencia no había sido desarrollada. Sin embargo, el cristiano no puede perder de vista que sea lo que sea que ocurra en el universo, la mano providencial de Dios está detrás de cada acontecimiento como ya dijimos. No olvidemos que cada evento tiene dos lecturas: lo que apreciamos desde aquí abajo y lo que Dios ve desde arriba. Siempre habrá una razón o explicación natural de lo que ocurre y una razón sobrenatural de por qué Dios envía o permite que los eventos ocurran. Salomón oró conociendo que en los tiempos de Elías (1 Rey. 17-19), el profeta oró y no llovió por tres años y medio y volvió a orar y volvió a llover cuando Dios lo dispuso (ver también Amós 4:7 y sig.).

En cuarto lugar, Salomón ora para que cuando la nación esté pasando por medio de plagas, pestilencias o cualquier enfermedad por causa del pecado, Dios escuche a cualquier hombre que eleve su clamor hasta Él o si la nación entera ora (en nuestro caso, si la Iglesia ora) para que Dios escuche (vv. 37-40):

«Si hay hambre en la tierra, si hay pestilencia, si hay pestes o plagas, langosta o saltamontes, si su enemigo los sitia en la tierra de sus ciudades, cualquier plaga, cualquier enfermedad que haya, toda oración o toda súplica que sea hecha por cualquier hombre o por todo Tu pueblo Israel, conociendo cada cual la aflicción de su corazón, y extendiendo sus manos hacia esta casa; escucha Tú desde los cielos, el lugar de Tu morada, y perdona, actúa y da a cada uno conforme a todos sus caminos, ya que conoces su corazón, porque solo Tú conoces el corazón de todos los hijos de los hombres, para que te teman todos los días que vivan sobre la superficie de la tierra que diste a nuestros padres».

En este párrafo hay diferentes dificultades por las cuales la nación de Israel podría atravesar o nosotros podríamos atravesar o estar atravesando en el día de hoy. Hoy nos volvemos a la ciencia, y sin duda hay cierta ayuda que el desarrollo de la ciencia nos puede ofrecer. Pero como pastor y hombre de ciencia a la vez, es mi consejo y mi advertencia al mismo tiempo que los que conocemos a Dios, los que hablamos de Su soberanía y de Su Providencia, no podemos o no debemos bajo ningún concepto olvidar que muchas de las circunstancias en las que nos encontramos obedecen al pecado del hombre dentro y fuera de Su iglesia. No sé si notaste el énfasis en la responsabilidad personal:

- Versículo 38b: *conociendo cada cual la aflicción de su corazón.*
- Versículo 39b: *actúa y da a cada uno conforme a todos sus caminos, ya que conoces su corazón, porque solo Tú conoces el corazón de todos los hijos de los hombres.*

Ahora el deseo de Salomón es que el pueblo de Dios aprenda a reverenciar a Dios, reconociendo sus malos caminos (v. 40):

«Para que te teman todos los días que vivan sobre la superficie de la tierra que diste a nuestros padres».

Podemos orar todo lo que queramos, pero si nuestra oración y nuestro estilo de vida no reflejan una reverencia hacia Dios, Él no responderá nuestras oraciones (ver Mal. 2:13-16).

En quinto lugar, Salomón oró a favor del extranjero que vivía en la tierra de Israel (v. 41-43):

«También en cuanto al extranjero que no es de Tu pueblo Israel, cuando venga de una tierra lejana a causa de Tu nombre (porque oirán de Tu gran nombre, de Tu mano poderosa y de Tu brazo extendido); cuando venga a orar a esta casa, escucha Tú desde los cielos, el lugar de

Tu morada, y haz conforme a todo lo que el extranjero te pida. Para que todos los pueblos de la tierra conozcan Tu nombre para que te teman, como te teme Tu pueblo Israel, y para que sepan que Tu nombre es invocado sobre esta casa que he edificado».

Salomón quiere que Dios escuche la oración del extranjero que vaya al templo a orar y que lo bendiga al escuchar su oración. Este deseo de Salomón revela su amor por el prójimo, lo cual no es simplemente un mandato del Nuevo Testamento, sino que ya Dios había revelado esa necesidad en Levítico 19:18. Pero presta atención a la razón por la que Salomón quiere que Dios escuche al extranjero: «Para que todos los pueblos de la tierra conozcan Tu nombre para que te teman, como te teme Tu pueblo Israel, y para que sepan que Tu nombre es invocado sobre esta casa que he edificado». Esta es una oración centrada en Dios y no en nuestros deseos personales, ni está enfocada en mis necesidades y las de mis seres queridos. Salomón tenía un interés especial para que el Dios creador y redentor fuera conocido en toda la tierra. Y nosotros debiéramos pensar en las misiones de una forma similar. El pastor John Piper en su libro, *Let the Nations Be Glad* (Alégrense las naciones) habla de que las misiones son necesarias porque hay mucha gente entre los pueblos de la tierra que aún no son adoradores de Dios y que la única manera de que lleguen a serlo es predicándoles el evangelio. Y esa es la misma forma, argumenta Piper, de reducir todos los índices de todos los males que afectan a las naciones, sobre todo aquellas que no conocen a Dios. En el versículo 43, Salomón ora: «Para que todos los pueblos de la tierra conozcan Tu nombre para que te teman».

Preguntémonos:

- ¿Tenemos nosotros al orar un genuino deseo de que Dios intervenga para que otros puedan llegar a reconocerlo al obrar en la tierra?
- ¿Estamos nosotros tan centrados en Dios al orar que cuando pedimos que Dios escuche nuestra oración, estamos más bien

deseando que la gloria de Dios sea vista cuando Él responda la oración que hicimos?

- ¿Pedimos nosotros por los extranjeros que habitan en nuestra nación y los que están llegando?
- ¿O más bien, nuestras oraciones básicamente están centradas en nuestras necesidades e intereses?

En ese momento de su vida, Salomón tenía mucho que enseñarnos acerca de cómo orar. Y pensar que este fue el mismo hombre que luego se alejó tanto de Dios que vivió como si nunca hubiese conocido al Dios a quien le ofreció esta oración.

En sexto lugar, Salomón ora por aquellos que pudieran estar lejos del templo y no pudieran llegar hasta allí a invocar Su nombre, para que Dios los oiga de manera que su lejanía del templo no les impida ser escuchados (vv. 44-45):

«Cuando Tu pueblo salga a la batalla contra su enemigo, por cualquier camino que Tú los envíes, y oren al Señor vueltos hacia la ciudad que Tú has escogido y hacia la casa que he edificado a Tu nombre, escucha desde los cielos su oración y su súplica, y hazles justicia».

El pueblo judío debía orar en el templo porque ahí era donde moraba simbólicamente la presencia de Dios y de no poder hacerlo, tenía que orar mirando hacia el templo, mirando en la dirección de Jerusalén y más específicamente, en dirección del templo. Salomón pide para que Dios los escuche si oran de esa manera y pueda hacerles justicia. Impresiona ver el cuidado por el otro que Salomón exhibió en este momento de su vida al orar como lo hizo, para luego perder el rumbo al aumentar los impuestos sobre el pueblo de una manera que llevó a diez de las doce tribus a revelarse contra él. Así se formaron el reino del norte (diez tribus) y el reino del sur (dos tribus). Salomón deseaba que sus hermanos judíos pudieran orar desde cualquier lugar de la tierra y sobre todo que Dios hiciera prevalecer Su misericordia y que Dios estuviera dispuesto a escucharlos, cuando ellos hubieran pecado y se hubieran vuelto a Él en arrepentimiento. En nuestro caso, nosotros somos el templo del Espíritu Santo y por consiguiente no tenemos que orar en la dirección del templo de Jerusalén. Oramos en el nombre de Jesús porque es por Sus méritos que somos oídos. De ahí la invitación que nos hace el autor de la Epístola a los Hebreos: «Por tanto, acerquémonos con confianza al trono de la gracia para que recibamos misericordia, y hallemos gracia para la ayuda oportuna» (Heb. 4:16). Tenemos un enorme privilegio de hacer esto desde cualquier lugar, en cualquier momento y desde cualquier circunstancia en la que nos encontremos.

Capítulo 14

Orando con Salomón por la nación

Por arrepentimiento y perdón

Cuando pequen contra Ti (pues no hay hombre que no peque) y estés lleno de ira contra ellos, y los entregues delante del enemigo, y estos los lleven cautivos a la tierra del enemigo, lejos o cerca, si recapacitan en la tierra adonde hayan sido llevados cautivos, y se arrepienten y te hacen súplica en la tierra de los que los llevaron cautivos, diciendo: «Hemos pecado y hemos cometido iniquidad, hemos obrado perversamente», si se vuelven a Ti con todo su corazón y con toda su alma en la tierra de sus enemigos que los llevaron cautivos, y oran a Ti vueltos hacia la tierra que diste a sus padres, hacia la ciudad que has escogido, y hacia la casa que he edificado a Tu nombre, entonces escucha Tú desde los cielos, el lugar de Tu morada, su oración y su súplica y hazles justicia. Perdona a Tu pueblo que ha pecado contra Ti, todas las transgresiones que hayan cometido contra Ti, y hazlos objeto de compasión ante los que los llevaron cautivos, para que tengan compasión de ellos (porque ellos son Tu pueblo y Tu heredad que sacaste de Egipto, de en medio del horno de hierro). Que Tus ojos estén abiertos a la súplica de Tu siervo y a la súplica de Tu pueblo Israel, para escucharlos siempre que te invoquen. Pues Tú los has separado de entre todos los pueblos de la tierra como Tu heredad, como lo dijiste por medio de Tu siervo Moisés, cuando sacaste a nuestros padres de Egipto, oh Señor Dios». Cuando Salomón terminó de decir toda esta oración y súplica al Señor, se levantó de delante del altar del Señor, de estar de rodillas con sus manos extendidas hacia el cielo. Y se puso de pie y bendijo a toda la asamblea de Israel en alta voz, diciendo: «Bendito sea el Señor, que ha dado reposo a Su pueblo Israel, conforme a todo lo que prometió. Ninguna palabra ha fallado de toda Su buena promesa que hizo por medio de Su siervo Moisés. Que el Señor nuestro Dios esté con nosotros, como estuvo con nuestros padres; que no nos deje ni nos abandone, para que incline nuestro corazón hacia Él, para que andemos en todos Sus caminos y para que guardemos Sus mandamientos, Sus estatutos y Sus preceptos que ordenó a nuestros padres. Que estas palabras mías, con las que he suplicado delante del Señor, estén cerca del Señor nuestro Dios día y noche, para que Él haga justicia a Su siervo y justicia a Su pueblo Israel, según las necesidades de cada día, a fin de que todos los pueblos de la tierra sepan que el Señor es Dios; no hay otro. Estén, pues, los corazones de ustedes enteramente dedicados al Señor nuestro Dios, para que andemos en Sus estatutos y guardemos Sus mandamientos, como en este día».

1 Reyes 8:46-61

Iniciamos el capítulo haciendo mención breve de las condiciones tumultuosas en medio de las cuales nos ha tocado vivir. Creo que para nadie es un secreto el hecho de que las naciones del mundo se encuentran en medio de un caos a diferentes niveles y en diferentes grados dependiendo de la región del globo terráqueo. Y el caos parece ser moral, social, político, económico, educacional, climático dependiendo de la nación o el continente de referencia.

Si bien es cierto que después de la caída descrita en Génesis 3, el mundo nunca se ha encontrado en un estado armónico, no es menos cierto que en algunos períodos históricos, el mundo ha experimentado mayor descomposición. Lo que es nuevo en esta ocasión es, en primer lugar, que el caos parece ser generalizado; en segundo lugar, que la mayoría no parece estar apercibida del caos; en tercer lugar, que a muchos parece gustarle el estado de descomposición; y en cuarto lugar, que los fundamentos hoy parecen estar siendo destruidos. Digo esto porque una cosa es experimentar un terremoto con defectos de construcción en el décimo piso de un edificio y otra muy distinta es experimentar el mismo sismo con defectos graves a nivel de la zapata o cimiento. Creo que es tiempo de hacernos la misma pregunta que se hizo el rey David cuando escribió en el Salmo 11:3: «Si los fundamentos son destruidos; ¿Qué puede hacer el justo?».

La respuesta a esa pregunta no siempre es fácil, pero siempre hay algo que el justo puede hacer. Y quizás la primera cosa que el justo puede hacer es orar. Orar por justicia, por sabiduría, por discernimiento, por arrepentimiento, por perdón individual y hasta por perdón nacional, en muchos casos.

Lamentablemente, muchas veces cuando decimos «voy a orar por ti», lo hacemos a manera de cliché. Pero orar implica hablar con Dios, lo cual es un enorme privilegio; implica creerle a Dios e implica esperar en Dios. Menciono todo esto porque a pesar del momento crítico que nos ha tocado vivir, creo que la mayoría de nosotros ora muy poco o nada de manera regular por el estado en que se encuentran las naciones. Ese no fue el caso del rey Salomón como comenzamos a ver en el capítulo previo. Al terminar de construir el templo para Dios, aprovechó dicha ocasión para orar por la nación de Israel de una manera extraordinaria, como ya vimos.

La oración de Salomón y las de otros en este libro son solo modelos para aprender a orar de una mejor manera por nuestra nación y por las naciones de la tierra. En este capítulo concluiremos la oración que comenzamos a revisar en el anterior, que preferimos dividir en dos, debido a la extensión que tiene.

Salomón oró por siete motivos diferentes en aquella ocasión de los cuales vimos los primeros seis en el capítulo anterior.

Salomón:

1) Oró por justicia

2) Oró por la seguridad de la nación

3) Oró por misericordia en caso de que las condiciones climáticas de la nación de Israel se debieran a un juicio de Dios.
4) Oró por la intervención de Dios en caso de que plagas y pestilencias afectaran la nación.
5) Y oró a favor del extranjero en la nación de Israel.
6) Y oro por los que estaban lejos del templo y no podían ir a invocar a Dios.

Aún tenemos que ver el resto de esta hermosa oración que se expande hasta el versículo 61. De nuevo, iremos estudiando la oración de manera segmentada. Vamos a dividir el texto que nos queda por cubrir en dos porciones:

1) La conclusión de la oración de Salomón, y
2) la bendición de Salomón para la congregación.

La conclusión de la oración

Salomón conoce la historia del pueblo de Israel y su inclinación continua a alejarse de Dios. Al mismo tiempo reconoce la pecaminosidad de todo ser humano. Además, reconoce y afirma que Dios odia el pecado y por eso se aíra cuando transgredimos Su ley y en especial, cuando lo hacemos de manera recurrente. Observemos de qué forma Salomón ora revelando su conocimiento del pueblo y de la humanidad:

«Cuando pequen contra Ti (pues no hay hombre que no peque) y estés lleno de ira contra ellos, y los entregues delante del enemigo, y estos los lleven cautivos a la tierra del enemigo, lejos o cerca» (v. 46).

Notemos que Salomón no dice: «si ellos pecan contra ti», sino que más bien dice: «cuando pequen contra ti». Él sabe que el pueblo va a pecar; el pueblo tiene una historia de pecado y de juicio de parte de Dios y él anticipa que eso va a volver a ocurrir. En ese contexto, Salomón también afirma que no hay hombre que no peque. Y si eso es cierto y lo es, entonces esa es tu realidad y la mía. Por tanto, necesitamos cultivar un espíritu de arrepentimiento y adoptar esa disciplina espiritual como una práctica, porque lamentablemente continuaremos pecando hasta el último día de nuestras vidas, a veces de forma intencional y otras veces de manera no intencional. Por otro lado, Salomón reconoce que en Su santidad Dios odia el pecado y se aíra contra el pecador hasta el punto de entregar a Su propio pueblo en manos del enemigo para que recapacite y se vuelva a Él. Por eso Salomón dice, cuando el pueblo peque y Tú «estés lleno de ira contra ellos, y los entregues delante del enemigo, y estos los lleven cautivos a la tierra del enemigo, lejos o cerca». Esta oración está hecha de esta manera porque el pueblo de Israel, en épocas anteriores al reinado de Salomón, había sido oprimido por naciones extranjeras múltiples veces como consecuencia directa de su pecado.

Si pensamos en la Iglesia de hoy, la aplicación no sería la entrega de la Iglesia para ser oprimida por naciones extranjeras, pero Dios podría permitir la persecución de la Iglesia como consecuencia de su caminar. Y si Occidente continúa por el camino que va, quizás no esté lejos el día cuando la Iglesia que hoy disfruta de libertad vuelva a ser perseguida. De ocurrir, esto sería una forma de Dios de purificar Su iglesia y de llamarla a regresar a Él.

Y si lo pensamos en términos individuales, Dios podría permitir que mi propio pecado me oprima y me haga sufrir física o emocionalmente como consecuencia, pero con la intención de acercarme a Él porque de no hacer esto, terminaríamos perdiéndonos junto con el pueblo incrédulo.

Obviamente, esto no significa que cada persecución de la Iglesia ha sido una consecuencia directa de su pecado ni tampoco implica que cada sufrimiento del creyente se debe a algún tipo de pecado cometido. Pero lo cierto es que el pecado nos daña más de lo que nos percatamos y daña a otros también de la misma manera.

Dado todo lo anterior, Salomón apela a la misericordia de Dios para que Él perdone cuando esto ocurra y al mismo tiempo revela que hay ciertos requisitos que ellos, al igual que nosotros, tenemos que cumplir para ser perdonados. Veamos:

«Si recapacitan en la tierra adonde hayan sido llevados cautivos, y se arrepienten y te hacen súplica en la tierra de los que los llevaron cautivos, diciendo: "Hemos pecado y hemos cometido iniquidad, hemos obrado perversamente", **si se vuelven a Ti con todo su corazón y con toda su alma** en la tierra de sus enemigos que los llevaron cautivos, y oran a Ti vueltos hacia la tierra que diste a sus padres, hacia la ciudad que has escogido, y hacia la casa que he edificado a Tu nombre» (vv. 47-48, énfasis añadido).

Notemos las condiciones para el perdón:

- si recapacitan,
- si se arrepienten,
- si suplican, y
- si reconocen su pecado.

¿Cuánto debemos reconocer nuestro pecado? Miremos cómo lo explica Salomón: si el pueblo dice: «Hemos pecado y hemos cometido iniquidad, hemos obrado perversamente, si se vuelven a Ti con todo su corazón y con toda su alma». En estas palabras hay una admisión de la gravedad del pecado y un arrepentimiento profundo de parte del pueblo. Salomón ruega a Dios que los perdone si su arrepentimiento ocurre de esta manera. Un perdón absoluto presupone un arrepentimiento radical de parte del pecador. Así es exactamente como oraron Daniel y Nehemías cuando el pueblo estaba en el exilio, en Babilonia, como consecuencia de su pecado. Es como si Salomón hubiese profetizado lo que iba a ocurrir y cómo estos dos hombres de Dios (Daniel y Nehemías) estarían orando antes de que Dios los regresara a Jerusalén. Al decir hemos pecado, hemos cometido iniquidad, hemos obrado perversamente, vemos la clase de reconocimiento y arrepentimiento que complace a Dios. Pero esas no son las únicas condiciones para el perdón; nota la primera parte del versículo 48: «Si se vuelven a Ti con todo su corazón y con toda su alma». Con esto, Salomón deja entrever que conoce que con cierta frecuencia el creyente dice haberse arrepentido, pero no lo ha hecho completamente porque no lo hizo con todo su corazón y con toda su alma. No es lo mismo confesar que arrepentirse. Necesitamos buscar a Dios genuinamente para que

Él nos conceda el arrepentimiento, porque solo Dios produce arrepentimiento en nosotros.[53]

Cuando pedimos perdón a Dios y continuamos deseando lo mismo por lo cual estamos pidiendo perdón, estamos revelando que tenemos una mente y un corazón divididos. Ya Cristo nos dijo que no podíamos servir a dos señores. Uno de esos señores es el pecado en cualquiera de sus manifestaciones y el otro es Cristo. Esa es la razón por la que el apóstol Pablo nos dice en Romanos 6:11 que nos consideremos muertos al pecado. Si seguimos en la práctica del pecado, entonces el pecado sigue viviendo en nosotros y Pablo nos aconseja y advierte al mismo tiempo, que tenemos que considerarnos muertos al pecado... como si ya el pecado no continuara viviendo en nosotros para no ceder a sus demandas.

**El arrepentimiento más que un sentimiento o una decisión,
es una muerte; es una muerte a algo que deseo,
pero que no puedo tener.**

Detente por un momento y reflexiona:

Debilitar el deseo pecaminoso **no es suficiente** porque el pecado tiene su forma de «ejercitarse» y tarde o temprano desarrolla músculos (metafóricamente hablando) y vuelve a fortalecerse.

Negar el pecado **no es suficiente** porque el pecado tiene su forma de reaparecer para que yo lo afirme en otras circunstancias.

Alejarse del pecado **tampoco es suficiente** porque tarde o temprano, termino acercándome a él nuevamente.

El pecado o el deseo tiene que morir por completo porque ya no podrá resucitar. Metafóricamente hablando, si lo dejo vivo, en «cuidados intensivos», él encuentra cómo ser dado de alta para salir del lugar donde lo tenía. Eso es parte de la fisiología del pecado o de cómo funciona el pecado.

Es impresionante ver la gran preocupación que Salomón exhibe deseando intensamente que Dios oiga la oración de Su pueblo cada

[53] Ver 1 Sam. 2:25 y 2 Tim. 2:25-26.

vez que ellos invocan Su nombre desde cualquier lugar de la tierra, y sobre todo que Dios haga prevalecer Su misericordia y quiera oírlos cuando ellos hayan pecado y se hayan vuelto a Él en arrepentimiento:

«Perdona a Tu pueblo que ha pecado contra Ti, todas las transgresiones que hayan cometido contra Ti, y hazlos objeto de compasión ante los que los llevaron cautivos, para que tengan compasión de ellos (porque ellos son Tu pueblo y Tu heredad que sacaste de Egipto, de en medio del horno de hierro). Que Tus ojos estén abiertos a la súplica de Tu siervo y a la súplica de Tu pueblo Israel, para escucharlos siempre que te invoquen. Pues Tú los has separado de entre todos los pueblos de la tierra como Tu heredad, como lo dijiste por medio de Tu siervo Moisés, cuando sacaste a nuestros padres de Egipto, oh Señor Dios» (vv. 50-53).

Salomón apela al carácter de Dios otra vez y le pide a Dios que tenga compasión de ellos porque ellos son Su pueblo a quien Dios había sacado de Egipto. En la historia del pueblo de Israel, no había nada que los hiciera merecedores del perdón y la compasión de Dios, excepto que Dios mismo los había elegido. Esto mismo sucede contigo y conmigo. A la hora de confesar, no menciones absolutamente nada que pudiera ser considerado como una circunstancia atenuante que pudiera aminorar tu culpa porque no existe tal cosa. Más bien, apela única y exclusivamente a la misericordia infinita de Dios. En este momento de su vida, Salomón tenía mucho que enseñarles acerca de cómo orar. Observemos cómo Salomón no ora por ningún beneficio personal, sino que toda la oración está dirigida al bienestar de la nación. Esa es una gran lección. Pensemos, ¿cuántas veces hemos orado por la nación por cada queja que hemos tenido de nuestra nación?

La bendición final de Salomón

«Cuando Salomón terminó de decir toda esta oración y súplica al Señor, se levantó de delante del altar del Señor, de estar de rodillas con sus manos extendidas hacia el cielo. Y se puso de pie y bendijo a toda la asamblea de Israel en alta voz, diciendo: "Bendito sea el Señor, que ha dado reposo a Su pueblo Israel, conforme a todo lo que prometió.

Ninguna palabra ha fallado de toda Su buena promesa que hizo por medio de Su siervo Moisés"» (vv. 54-56).

Salomón:

- **bendice a Dios** por haber dado reposo a Su pueblo; por haberlos sacado de Egipto, por haberles acompañado en el desierto hasta hacerlos entrar en la Tierra Prometida.
- **bendice a Dios** por Su fidelidad cumpliendo todas Sus promesas. Creo que nosotros necesitamos ser más intencionales en nuestras oraciones al dar gracias a Dios por la fidelidad con la que nos ha acompañado en nuestras vidas a lo largo «de las altas y de las bajas».

No es exactamente lo mismo dar gracias a Dios porque nos concedió algo que dar gracias a Dios por Su fidelidad al responder nuestras oraciones. En el primer caso, resaltamos nuestro beneficio al recibir la petición; en el segundo caso, resaltamos Su carácter al dar gracias a Dios por Su fidelidad al responder nuestras oraciones. La línea es fina, pero es real. Hasta ahora hemos visto siete peticiones que Salomón hizo a Dios; pero ahora hacia el final, sale a relucir mucho mejor el corazón de Salomón porque la conclusión revela la motivación de la oración.

Piensa con cuidado ahora: los motivos de oración no son lo mismo que la motivación para orar. Permíteme ilustrártelo. Tu motivo de oración puede ser que Dios te sane de una enfermedad. Pregunta: ¿Para qué quieres que Dios te sane? Para no sufrir, diría la mayoría. Bueno, ese es tu deseo y es válido. Pero la motivación última de la oración debe ir más allá. La motivación debe ser que cuando sanes, tu sanación resulte en la gloria de Su nombre. Y si no sanas, que tu enfermedad resulte en la gloria de Su nombre. La motivación no cambia: que Dios sea glorificado.

Por eso Pablo escribe a los filipenses, y les dice: «Aun ahora, como siempre, Cristo será exaltado en mi cuerpo, ya sea por vida o por muerte» (Fil. 1:20). Si leemos este versículo de Filipenses completo, notaremos que Pablo está pidiendo no ser avergonzado, pero no para quedar bien ante los hombres, sino para que Cristo sea exaltado, ya sea que viviera o que muriera; la vergüenza lo tenía sin cuidado y la muerte también. Solo la gloria de Dios cuenta.

Entonces, ahora lo que vamos a conocer al final de esta larga oración son las motivaciones para orar a Dios como lo hizo Salomón.

Motivación #1:

Salomón pide que la presencia de Dios no se aparte de ellos y lo hace así: «Que el Señor nuestro Dios esté con nosotros, como estuvo con nuestros padres; que no nos deje ni nos abandone» (v. 57).

Esa fue la misma petición de Moisés cuando el Señor amenazó con no seguir caminando con el pueblo y Moisés respondió: «Si Tu presencia no va *con nosotros*, no nos hagas salir de aquí» (Ex. 33:15, énfasis añadido). La idea detrás de estas palabras de Moisés en el desierto es que si el Señor:

- no va a dirigir nuestros pasos,
- ni va a dirigir nuestras decisiones,
- ni va a revelar Su voluntad de alguna manera,

entonces cualquier esfuerzo será en vano. Y esa era la presencia manifiesta de Dios que Salomón no deseaba perder.

El gozo, la motivación, la energía para trabajar, el deseo y la voluntad para obedecer, todas estas cosas dependen de la presencia manifiesta de Dios en nuestras vidas. Si Dios les concedía esa petición, Salomón entendería que eso era una bendición y por eso convierte su bendición final en una oración. El rey sabía que todo comienza y termina con Dios.

Motivación #2:

«Que [Dios] incline nuestro corazón hacia Él, para que andemos en todos Sus caminos y para que guardemos Sus mandamientos, Sus estatutos y Sus preceptos que ordenó a nuestros padres» (v. 58).

El apóstol Pablo lo dijo de otra manera a los filipenses al escribir que Dios es quien pone en nosotros tanto el querer como el hacer (2:13). Y la manera como Dios pone el querer y el hacer en nosotros es inclinando nuestro corazón hacia Él. En nuestra carne no tenemos esa capacidad, pero Dios lo puede hacer por medio del Espíritu Santo que mora en nosotros. Lo que sí podemos hacer es oponernos a la inclinación de ese corazón hacia la voluntad de Dios como lo hizo Jonás. Y luego que nuestro corazón ha sido inclinado hacia Dios, entonces es mucho más fácil mover la voluntad en esa dirección. Como decía Agustín 1500 años atrás, cuando la mente le da una orden a la voluntad, la voluntad obedece. Salomón estaba interesado en que el pueblo guardara los mandamientos de Dios, Sus estatutos y Sus preceptos. De esa obediencia depende Su presencia y Su protección.

Motivación #3:

«Que estas palabras mías, con las que he suplicado delante del Señor, estén cerca del Señor nuestro Dios día y noche, para que Él haga justicia a Su siervo y justicia a Su pueblo Israel, según las necesidades de cada día», pero, ¿para qué?, «a fin de que todos los pueblos de la tierra sepan que el Señor es Dios; no hay otro» (vv. 59-60).

Salomón está pidiendo que la presencia manifiesta de Dios nunca se aparte de ellos, que Dios incline sus corazones hacia Él, que el pueblo sea conocido por su obediencia a los mandatos y estatutos del Señor, de manera que el pueblo sea completamente distinto al resto de las naciones alrededor, porque tenía un interés singular: que todos los pueblos de la tierra supieran que el Señor es Dios y que no hay otro. Hasta ese momento, Salomón era un hombre completamente centrado en Dios.

Salomón tiene interés en dar a conocer el nombre de Dios, en hacer el nombre de Dios famoso. Y la única manera de hacerlo, de acuerdo con el diseño de Dios, es si hay un pueblo que lo proclama y lo refleja. En el Antiguo Testamento, la intención primaria era reflejar el nombre de Dios y por tanto, la encomienda era «ven y ve», mira lo que Dios ha hecho con Su pueblo. Ahora, en el Nuevo Testamento, la encomienda es «ve y di». Ve y predica el evangelio y vive el evangelio entre las naciones. La intención detrás de la oración de Salomón es la misma intención detrás de la Gran Comisión: dar a conocer el nombre de Dios para que las naciones encuentren salvación de la misma manera que nosotros la encontramos. Primero Salomón pide que Dios oiga sus oraciones y luego nos deja ver por qué deseaba que estas cosas ocurrieran.

Cuando nosotros oramos, es importante que sepamos:

- cuál es la intención con la que estamos pidiendo;
- cuál es el fin por el cual estamos orando;
- cuál es el propósito de nuestra oración.

Digo esto porque frecuentemente el propósito de las oraciones del pueblo de Dios está relacionado con que Dios resuelva un problema en medio del cual se encuentra el creyente. Ese no fue el caso de Salomón. Él pidió por la solución de problemas, sin lugar a duda, pero no terminó de orar sin antes dejar en claro cuál era su motivación primaria.

Ahora, si bien es cierto que todo comienza con Dios y termina con Dios, no es menos cierto que, entre el comienzo y el final, hay un rol que nosotros jugamos a la hora de obedecer o en el proceso de nuestra santificación. Hasta ahora, Salomón se ha dirigido a Dios, pero ahora, en estas últimas palabras, Salomón se dirige al pueblo: «Estén, pues, los corazones de ustedes enteramente dedicados al Señor nuestro Dios, para que andemos en Sus estatutos y guardemos Sus mandamientos, como en este día» (v. 61).

En la primera parte de este versículo, encontramos cuál es el primer paso para el proceso de nuestra santificación: que «estén, pues, los corazones de ustedes **enteramente dedicados** al Señor nuestro Dios» (énfasis añadido). El problema de nuestra desobediencia es un problema de dedicación parcial del corazón a nuestro Dios. Queremos el reino de los cielos, pero sin perder el reino de los hombres. Deseamos las bendiciones de arriba, pero sin desechar los placeres de abajo. Deseamos vivir la semana, de lunes a viernes, de una manera más o menos santificada, pero poder tener el disfrute de la carne los fines de semana porque después de trabajar arduamente en la santificación, llegamos a pensar que nos merecemos alguna gratificación en la carne.

La realidad es que «cada victoria sobre el pecado parece aumentar la intensidad de la próxima batalla»[54]. Cada levantador de pesas ha comenzado levantando cinco, diez, veinte, cincuenta kilos, siempre con la intención de aumentar su capacidad para levantar más peso. Y cada corredor profesional procura romper su récord anterior. De manera que en esos casos podemos ver que cada victoria obtenida parece aumentar el reto de la próxima competencia. La santificación no es diferente. Cada victoria contra el pecado nos prepara para una mayor victoria a través de una mayor batalla.

Cada vez que el corazón es parcialmente dedicado a Dios, tenemos como resultado una obediencia igualmente parcial. El problema es que la obediencia parcial es desobediencia total.

Peor aún, la dedicación parcial del corazón nos llevará tarde o temprano a una derrota total. De manera que, a la hora de arrepentirnos, tenemos que comenzar por pedir perdón a Dios por arrepentirnos parcialmente y por haber dedicado nuestro corazón a Él de manera igualmente parcial. Se dice de Jonathan Edwards que en una ocasión escribió: Cuando oro peco, cuando predico peco y cuando me arrepiento tengo que arrepentirme de mi arrepentimiento. Y aun mis lágrimas necesitan ser lavadas en la sangre de Cristo. Y la razón es que nunca estamos apercibidos de cuán grave es nuestro pecado ni de todas sus dimensiones y, por tanto, nuestro arrepentimiento nunca es completo.

---

[54] Joel Beeke, *A Radical Comprehensive Call to Holiness* (Reino Unido, Fearn, Ross-Shire: Christian Focus Publications, 2021), pág. 9.

Capítulo 15

Orando con Daniel por una nación

Bajo disciplina

En el año primero de Darío, hijo de Asuero, descendiente de los medos, que fue constituido rey sobre el reino de los caldeos, en el año primero de su reinado, yo, Daniel, pude entender en los libros el número de los años en que, por palabra del Señor que fue revelada al profeta Jeremías, debían cumplirse las desolaciones de Jerusalén: setenta años. Volví mi rostro a Dios el Señor para buscarlo en oración y súplicas, en ayuno, cilicio y ceniza. Oré al Señor mi Dios e hice confesión y dije: «Ay, Señor, el Dios grande y temible, que guarda el pacto y la misericordia para los que lo aman y guardan Sus mandamientos, hemos pecado, hemos cometido iniquidad, hemos hecho lo malo, nos hemos rebelado y nos hemos apartado de Tus mandamientos y de Tus ordenanzas. No hemos escuchado a Tus siervos los profetas que hablaron en Tu nombre a nuestros reyes, a nuestros príncipes, a nuestros padres y a todo el pueblo de la tierra. Tuya es la justicia, oh Señor, y nuestra la vergüenza en el rostro, como sucede hoy a los hombres de Judá, a los habitantes de Jerusalén y a todo Israel, a los que están cerca y a los que están lejos en todos los países adonde los has echado, a causa de las infidelidades que cometieron contra Ti. Oh Señor, nuestra es la vergüenza del rostro, y de nuestros reyes, de nuestros príncipes y de nuestros padres, porque hemos pecado contra Ti. Al Señor nuestro Dios pertenece la compasión y el perdón, porque nos hemos rebelado contra Él, y no hemos obedecido la voz del Señor nuestro Dios para andar en Sus enseñanzas, que Él puso delante de nosotros por medio de Sus siervos los profetas. Ciertamente todo Israel ha transgredido Tu ley y se ha apartado, sin querer obedecer Tu voz. Por eso ha sido derramada sobre nosotros la maldición y el juramento que está escrito en la ley de Moisés, siervo de Dios, porque hemos pecado contra Él. Y Él ha confirmado las palabras que habló contra nosotros y contra nuestros jefes que nos gobernaron, trayendo sobre nosotros gran calamidad, pues nunca se ha hecho debajo del cielo nada como lo que se ha hecho contra Jerusalén. Como está escrito en la ley de Moisés, toda esta calamidad ha venido sobre nosotros, pero no hemos buscado el favor del Señor nuestro Dios, apartándonos de nuestra iniquidad y prestando atención a Tu verdad. Por tanto, el Señor ha estado guardando esta calamidad y la ha traído sobre nosotros. Porque el Señor nuestro Dios es justo en todas las obras que ha hecho, pero nosotros no hemos obedecido Su voz».

Daniel 9:1-14

El texto que acabas de leer contiene una de las oraciones más impresionantes de toda la Biblia. Puedes conocer mucho acerca de una persona y su relación con Dios al escucharla orar. Y así ocurre en este caso. Al leer la oración de Daniel podemos sentir el palpitar del corazón de un hombre que no solo oraba, sino que adoraba a su Dios y que caminaba íntimamente con Él. Ese corazón moldeado por Dios late por aquellas cosas que hacen latir el corazón de Dios y se duele igualmente por aquellas cosas que deshonran a Dios sabiendo lo que esa actitud traerá como consecuencia. Jesús lloró por Jerusalén al entrar en la ciudad días antes de Su muerte (Luc. 19:41-44). Nehemías lloró al escuchar la condición de la ciudad de Jerusalén estando en el exilio (Neh. 1:2-4). Y el corazón de Daniel lloró al considerar las razones del exilio de todo su pueblo y el oprobio de la nación. Te invito a que leas esta oración reflexivamente.

Hay dos realidades en la vida de Daniel que salen a relucir en esta oración:

- un alto conocimiento y sentido de reverencia hacia el Dios del cielo y de la tierra. Y,
- una preocupación genuina por la condición del pueblo de Dios.

Ahí está la explicación a esta intercesión extraordinaria de parte de Daniel a favor del pueblo de Dios. En el Antiguo Testamento encuentras un corazón similar en la persona de Nehemías, quien oró a Dios de forma muy similar. Ambos estaban en el exilio, en Babilonia, al momento de orar, solo que Nehemías subió a una posición de influencia como copero del rey años después del profeta Daniel. Y estando en el exilio, Nehemías preguntó por la condición del pueblo hebreo. Escucha el relato registrado en Nehemías 1:2-4:

«Vino Hananí, uno de mis hermanos, con algunos hombres de Judá, y les pregunté por los judíos, los que habían escapado *y* habían sobrevivido a la cautividad, y por Jerusalén. Y me dijeron: "El remanente, los que sobrevivieron a la cautividad allí en la provincia, están en gran aflicción y oprobio, y la muralla de Jerusalén está derribada y sus puertas quemadas a fuego". Cuando oí estas palabras, me senté y lloré; hice duelo algunos días, y estuve ayunando y orando delante del Dios del cielo».

Menciono esto porque lo que cargó el corazón de Nehemías, cargó también el corazón de Daniel.

Nehemías lloró, hizo duelo, ayunó, oró. Por otro lado, Daniel ayunó y se cubrió de cilicio y ceniza como señal de tristeza, arrepentimiento y humillación ante la condición espiritual de su gente. Nehemías se cargó por la condición de deterioro de la ciudad sobre la cual se invocaba el nombre de Dios. Y Daniel, años antes, igualmente se dolió por la condición espiritual del pueblo. Hombres y mujeres piadosas siempre sufren por la condición espiritual del pueblo de Dios. Aunque este capítulo está apenas al inicio, es bueno detenernos y preguntarnos:

¿Tienes una carga o preocupación genuina por la condición de la iglesia local y aun por la Iglesia en Latinoamérica... y por la Iglesia alrededor del mundo?

¿Oras por esa iglesia universal y por sus pastores?

Que Dios cargue el corazón de cada uno de nosotros hasta llevarnos a ayunar y orar por el pueblo de Dios. La oración de Daniel pone de manifiesto cómo ora un hombre:

- que sabe humillarse ante un Dios grande.
- que conoce nuestra necesidad continua de arrepentimiento; de hecho, a diario.
- que reconoce que el pecado tiene consecuencias que Dios impone y que son justas.
- que honra el carácter de Dios y que sabe que la mejor forma de orar es apelando al carácter de nuestro Dios.

Todo lo anterior sale a relucir en esta oración de Daniel. Este es un hombre que ha tenido una vida de oración y no simplemente alguien que ora en momentos de necesidad. Y sabemos esto último porque en el capítulo dos de este libro, encuentras a Daniel pidiéndole a sus tres amigos que oraran al Señor clamando por misericordia de manera que él pudiera recibir sabiduría de parte de Dios para revelar el significado del sueño que el rey Nabucodonosor había tenido. Daniel había aprendido a orar fervientemente en tiempos de crisis.[55] Y en el capítulo seis se nos dice que Daniel oraba tres veces al día de manera acostumbrada y con las ventanas abiertas. Y fue esa costumbre la que terminó llevando a Daniel al foso de los leones.

Dicho esto, veamos:

- La ocasión de la oración.
- La confesión de un corazón que conoce a su Dios.
- La humillación de Daniel al confesar el pecado del pueblo y él suyo propio.
- La afirmación de Daniel de que los juicios que han caído sobre ellos son merecidos y por tanto justos.
- La intercesión de Daniel, apelando a la misericordia de Dios.

---

[55] Sidney Greidanus, *Preaching Christ from Daniel* (Grand Rapids: W.B. Eerdmans Publishing Company, 2012), versión Kindle, pág. 287.

1. La ocasión de la oración (vv. 1-2)

El texto nos dice que Daniel hizo esta oración en el primer año del rey Darío. El primer año del rey Darío ha sido estimado en el 538 a.C.[56] Daniel fue llevado a Babilonia junto con el resto del pueblo en el año 605-606 a.C., durante la primera invasión de Jerusalén. Se estima que unos sesenta y ocho años habían pasado desde entonces. De manera que, si el cautiverio duró unos setenta años como sabemos, Daniel está orando a Dios hacia el final de la cautividad. ¿Qué mueve a Daniel a orar en este momento? De acuerdo con el versículo 2, Daniel había estado leyendo los escritos del profeta Jeremías y al leerlos, pudo comprender que las desolaciones de Jerusalén o el cautiverio de Babilonia tendrían una duración de unos setenta años. Esa profecía aparece en el capítulo 25 de Jeremías y se repite en el capítulo 29. Daniel era un profeta que había recibido sueños, visiones y visitaciones de ángeles como Gabriel y aun así, reconocía el valor de las Escrituras y por eso había estado leyendo al profeta Jeremías donde leyó hasta cuándo duraría el exilio babilónico.

Daniel creía en el poder de la oración. O más que creer en el poder de la oración, creía en el poder y en la fidelidad del Dios que responde a nuestras oraciones con nuestro mejor interés en mente. El poder no está en la oración en sí misma, sino en el Dios Creador y Redentor que es fiel a Sus promesas y que responde a nuestras oraciones. En vez de preocuparse, Daniel oró al Dios en quien confiaba. En vez de airarse contra Dios por los setenta años de exilio, como Jonás hizo, Daniel oró. En vez de desanimarse como hizo Jeremías, Daniel oró. Ya vimos la ocasión de la oración de Daniel. Veamos ahora:

---

[56] James Montgomery Boice, *Daniel, an expositional commentary* (Grand Rapids: Baker Books, 1989), versión Kindle, pág. 96.

2. La confesión de un corazón que conoce a su Dios (vv. 3-4).

«Volví mi rostro a Dios el Señor para buscarlo en oración y súplicas, en ayuno, cilicio y ceniza. Oré al Señor mi Dios e hice confesión y dije: "Ay, Señor, el Dios grande y temible, que guarda el pacto y la misericordia para los que lo aman y guardan Sus mandamientos"».

El versículo 3 habla de que Daniel buscó al Señor en oración y súplicas. Las súplicas son oraciones también, pero las entendemos como una forma más intensa de orar con un cierto sentido de urgencia, como hemos señalado antes. Jesús oró y mientras oraba en el huerto de Getsemaní, Su cuerpo sudó gotas de sangre. Eso te habla de la intensidad, urgencia y agonía con las que Él oró. Eso es algo que a nosotros nos falta. Nos falta intensidad en nuestras oraciones porque nuestros corazones no están cargados con nuestra condición espiritual y mucho menos con la condición espiritual del otro. Nos falta urgencia en la oración porque vivimos muy distraídos en el día a día con el mundo a nuestro alrededor. Pero ese no fue el caso de Daniel. La oración de un hombre que conoce a su Dios no comienza con sus necesidades... necesidades que ya Dios conoce; sino que comienza con su Dios; con Su carácter: «Ay, Señor, el Dios grande y temible, que guarda el pacto y la misericordia para los que lo aman y guardan sus mandamientos» (v. 4).

¿Cuándo fue la última vez que oíste a alguien orar de esta manera? Lo primero que Daniel hace es reconocer la grandeza y la majestad de nuestro Dios. Él llama a Dios grande y luego agrega «y temible». Cuando Daniel se refiere a Dios como temible, se está refiriendo a la reverencia que debemos exhibir ante la santidad de nuestro Dios y el hecho de que Él no es indulgente con el pecado. Daniel conocía algo de Dios que la Iglesia de hoy no conoce. Y es que la violación de la santidad de Dios lo lleva a reaccionar con disciplina para los Suyos y hasta ira contra aquellos que se oponen a Su voluntad (Rom. 1:18). El apóstol Pedro nos recordó esa verdad: «Porque es tiempo de que el juicio comience por la casa de Dios. Y si comienza por nosotros primero, ¿cuál será el fin de los que no obedecen al evangelio de Dios?» (1 Ped. 4:17). En el Nuevo Testamento, el autor de la Epístola a los

Hebreos hace referencia de manera indirecta a nuestro temible Dios, al decir en 12:29 que nuestro Dios es un fuego consumidor. Lo que hace a Dios temible es la provocación de Su ira santa.

Pero Daniel también reconoce la fidelidad de Dios al recordar que el Señor guarda el pacto y la misericordia con aquellos que le aman. La expresión referente a que Dios guarda el pacto y la misericordia con los que le aman aparece unas seis veces en el Antiguo Testamento:

- Deuteromonio 7:12
- 1 Reyes 8:23
- 2 Crónicas 6:14
- Nehemías 1:5 y 9:32
- Daniel 9:4

En el Salmo 89:11, el autor hace referencia a la fidelidad de Dios unas siete veces y es esa fidelidad la que hace que Dios nunca renuncie a lo que ha pactado con nosotros. Por otro lado, el Salmo 106, comienza haciendo alusión a Sus misericordias que son para siempre y por eso, Dios ha continuado siendo fiel a Su pueblo aun en su infidelidad. El texto de Isaías 54:10 es aún más específico: «Porque los montes serán quitados y las colinas temblarán, pero Mi misericordia no se apartará de ti. Y el pacto de Mi paz no será quebrantado, dice el Señor, que tiene compasión de ti».

Nuestro Dios no se olvida de aquellos que le aman y que, como resultado de su amor por Él, guardan Sus mandamientos.

3. La humillación de Daniel al confesar el pecado del pueblo y él suyo propio (v. 5).

«Hemos pecado, hemos cometido iniquidad, hemos hecho lo malo, nos hemos rebelado y nos hemos apartado de Tus mandamientos y de Tus ordenanzas».

El hombre que conoce a su Dios se duele por el pecado de Su pueblo. Podemos ver cómo Daniel se identifica con el pueblo y confiesa la condición pecaminosa en la que el pueblo había caído. Y lo hace como si él mismo fuera culpable de dichos pecados. Al orar, Daniel usa el verbo en plural «hemos» para hacer referencia a las transgresiones cometidas por el pueblo de Israel. Esto habla de un corazón humilde y de alguien que reconoce que todos hemos pecado y que todos somos capaces de grandes transgresiones si no fuera por la gracia de Dios. Él había bendecido a Daniel grandemente. Daniel pudo haber acusado al pueblo de que toda la nación estaba en oprobio a causa de su pecado. Y si lo hubiera hecho, habría estado en lo correcto. Pero cuando se paró delante de Dios, no le habló de lo que los otros habían hecho, sino de lo que todos ellos habían hecho contra Él. Al igual que Daniel, Isaías y Nehemías confesaron su pecado y el del pueblo al mismo tiempo y oraron con un espíritu de arrepentimiento:

Isaías dijo: «Pues soy hombre de labios inmundos y en medio de un pueblo de labios inmundos habito» (Isa. 6:5).

Nehemías escribió: «Que estén atentos Tus oídos y abiertos Tus ojos para oír la oración de Tu siervo, que yo hago ahora delante de Ti día y noche por los israelitas Tus siervos, confesando los pecados que los israelitas hemos cometido contra Ti; sí, yo y la casa de mi padre hemos pecado. Hemos procedido perversamente contra Ti y no hemos guardado los mandamientos ni los estatutos, ni las ordenanzas que mandaste a Tu siervo Moisés» (Neh. 1:6-7).

De una forma similar, pero no igual, Cristo se identifica con el pueblo de Dios de tal manera, que tomó sobre Sus hombros nuestros pecados y fue a la cruz precisamente por identificarse con el pecado del pueblo de Dios hasta llegar a cargar con nuestras iniquidades. En nuestros días, hace falta que los líderes guiemos al pueblo de Dios en arrepentimiento o no habrá avivamiento. No hay avivamiento sin arrepentimiento. Daniel comienza enumerando las cosas que ellos, como pueblo, habían hecho contra Dios y al hacerlo usa tres palabras distintas para referirse a las transgresiones del pueblo: «pecado», «iniquidad» y usa la expresión «lo malo».

La palabra iniquidad puede traducirse también como perversidad. Si tú y yo nunca hemos visto nuestro pecado como perverso, nunca hemos visto nuestro pecado. Y si no hemos visto nuestro pecado como malvado y perverso, hay varias posibilidades:

- No hemos nacido de nuevo.
- Nacimos de nuevo pero no conocemos aún la santidad de nuestro Dios.
- Vivimos tan centrados en nosotros mismos que no lo podemos ver.

Luego, Daniel confiesa la rebelión del pueblo y se refiere a que ellos se han apartado de los mandamientos de Dios. Apartarse de Sus mandamientos y pecar son expresiones sinónimas. Hablar de iniquidades y de pecados es hacer uso de palabras sinónimas nuevamente. Pero creo que Daniel no está siendo repetitivo, sino que, al usar palabras sinónimas está tratando de ayudarnos a entender la magnitud y la profundidad de los pecados del pueblo. Es como si estos sinónimos le dieran color a lo que de otra manera pudiera lucir como en blanco y negro. Estamos tan acostumbrados a la palabra pecado que cuando la leemos o la pronunciamos no nos causa ninguna reacción emocional; pero cuando leemos iniquidad, lo malo, rebelión, apartado, que son palabras que usamos menos, es como si las cosas comenzaran a parecernos más serias o graves. Luego de confesar las cosas pecaminosas que el pueblo hizo, Daniel pasa a describir cómo el pueblo pecó al dejar de escuchar las advertencias de Dios. El pueblo era culpable de pecados de comisión y de pecados de omisión tal como ocurre con nosotros:

«No hemos escuchado a tus siervos los profetas que hablaron en tu nombre a nuestros reyes, a nuestros príncipes, a nuestros padres y a todo el pueblo de la tierra» (v. 6).

Dios les dio profetas que hablaron de manera infalible, pero no escucharon; los rechazaron y hasta los apedrearon. No le hicieron caso a pesar de que los profetas hablaron en nombre de Dios. Hoy en día, la Iglesia ha dejado de ser esa voz profética y muchos de sus líderes han preferido hablar en su propio nombre y en otros casos ni han hablado; más bien han sido indulgentes. Dios les dio reyes; algunos de ellos hicieron lo correcto delante de Dios, pero no se sometieron a Su autoridad. Lamentablemente, muchos de estos reyes tampoco escucharon a los profetas. Y ellos mismos fueron rebeldes. Tampoco escucharon a sus padres. En pocas palabras, el pueblo se rebeló contra toda autoridad. La rebelión contra Dios no es un pecado pequeño. Dios dice en 1 Samuel 15:23 que la rebelión es como el pecado de hechicería o de brujería. En esencia, todo pecado es rebelión contra Su autoridad. La rebelión no es otra cosa que un desafío a la autoridad de Dios y un reto al señorío de Cristo.

El pecado es el grito de independencia de la criatura que no desea someterse a su Creador.

Cuando nos rebelamos decimos: soy criatura, pero quiero vivir como el Creador… ¡independiente! Daniel entendía esa realidad. En el versículo 7, Daniel habla de que el pueblo exhibía su vergüenza en el rostro. La condición moral del pueblo era deplorable y Daniel lo confiesa. En ese mismo versículo 7, Daniel usa otra palabra más para referirse a los pecados del pueblo y los llama infidelidades. El creyente está unido a Cristo como una esposa está unida a su marido. Pecar contra Dios es un acto de infidelidad hacia Él. Así fue considerado desde el Antiguo Testamento. Todo el mundo en Israel había pecado severamente contra Dios como muestra el versículo 8 del pasaje que estamos analizando, el cual habla de «la vergüenza del rostro, y de nuestros reyes, de nuestros príncipes y de nuestros padres, porque hemos pecado contra ti». Israel había pecado masivamente y Daniel lo admite y lo confiesa a lo largo de su oración. Pero también lo enfatiza en Daniel 9:10-11, y en especial en este versículo 11 dice: «Ciertamente todo Israel ha transgredido Tu ley y se ha apartado, sin querer obedecer Tu voz». No fue que Israel no conocía Su voz o Sus mandamientos. ¡No, no, no! De acuerdo con la oración de Daniel, Israel no quiso obedecer Su voz. La voz de los adivinos y de los falsos maestros fue mucho más apetecible para el pueblo de Dios. Y hoy la voz de los falsos maestros que predican un evangelio de prosperidad y que predican sueños y visiones parece ser más creíble que la voz de Dios revelada en Su Palabra. Vimos ya la ocasión de esta oración; la oración de un hombre que conoce a su Dios y la confesión de un corazón humillado ante Dios. Veamos ahora.

4. La afirmación de que los juicios recibidos de parte de Dios son justos (vv. 13-14).

Daniel ora, y su oración refleja que ha estado reflexionando acerca de las calamidades sufridas por el pueblo y acerca de cómo entenderlas a la luz de un Dios misericordioso. En un par de versículos, Daniel confiesa entender la razón por la que el pueblo está en condiciones de oprobio y afirma categóricamente que los juicios de Dios son verdaderos y justos tal como afirmara el salmista en el Salmo 19:9.

«Como está escrito en la ley de Moisés, toda esta calamidad ha venido sobre nosotros, pero no hemos buscado el favor del Señor nuestro Dios, apartándonos de nuestra iniquidad y prestando atención a Tu verdad. Por tanto, el Señor ha estado guardando esta calamidad y la ha traído sobre nosotros; porque el Señor nuestro Dios es justo en todas las obras que ha hecho, pero nosotros no hemos obedecido Su voz» (13-14).

Daniel recuerda que estas calamidades fueron profetizadas por Moisés en el libro de Deuteronomio. Por eso, en el versículo 11b, leemos: «Por eso ha sido derramada sobre nosotros la maldición y el juramento que está escrito en la ley de Moisés, siervo de Dios, porque hemos pecado contra Él». Hoy en día, ese vocabulario y este tipo de oración ha desaparecido de los labios del pueblo de Dios. Hoy solo se habla de la gracia y del evangelio que tiene como beneficiario al hombre. Pero hasta que el pueblo de Dios no vuelva a hablar de la santidad de Dios que demanda santidad en Sus hijos, no habrá arrepentimiento en aquellos sobre los cuales se invoca Su nombre. Y si no hay arrepentimiento, no habrá avivamiento como ya dijimos.

Daniel admite que la razón de sus dificultades no está en Dios, sino en ellos que violaron Su ley, y ahora sufren sus propias consecuencias. Daniel no es como algunos que pecan contra Dios, traen sobre sí las consecuencias naturales de la transgresión y luego acusan a Dios de falta de compasión. Así hace la persona egocéntrica, ingrata, que considera la santidad de Dios como algo trivial, la persona que no conoce a Dios. El hombre humilde confiesa su pecado; se arrepiente de lo mal hecho, defiende a Dios cuando ese Dios decide actuar en su contra y luego lo sigue alabando y adorando. Daniel explica en oración su entendimiento de los juicios justos de Dios en 11b: «Por eso ha sido derramada sobre nosotros la maldición y el juramento que está escrito en la ley de Moisés, siervo de Dios, porque hemos pecado contra Él». Daniel establece una relación directa entre la condición de oprobio en que vivía el pueblo y la transgresión de la ley de Dios. No creo que eso sea distinto hoy. El pecado de todo el pueblo por siglos trajo como consecuencia la invasión de Jerusalén y el cautiverio babilónico. Daniel llama a lo acontecido al pueblo, una «gran calamidad, pues nunca se ha hecho debajo del cielo nada como lo que se ha hecho contra Jerusalén» (9:12). Antes de entrar a la tierra prometida, Dios le advirtió al pueblo hebreo que, si era infiel a los mandamientos de Dios, el Señor traería sobre ellos múltiples plagas o calamidades: serían entregados a otro pueblo, a sus propios enemigos y servirían como esclavos. Eso es exactamente lo que había ocurrido como leímos más arriba en los versículos 13 y 14.

Henry Blackaby escribió en uno de sus libros lo siguiente: «Hoy parece que el pueblo de Dios le ha perdido el temor a Dios y, por tanto, ha perdido el temor al pecado. Una visión elevada de Dios trae una visión elevada del pecado. Una baja visión de Dios conlleva a una visión baja del pecado y a un descuido de nuestro pacto con Dios».[57] El mismo autor, en varios de sus libros, ha dejado ver su preocupación por la condición del pueblo de Dios y la necesidad de recobrar el temor reverente hacia Dios. Fue el sentir de Blackaby antes de pasar a la presencia de Dios en el año 2024, que una iglesia que le pierde el temor

---

[57] Henry Blackaby, *Chosen to be God's prophet* (Nashville: Thomas Nelson, 2003), pág. 207.

a Dios terminará perdiendo el temor al pecado. En esas condiciones, Dios decide apartar Su presencia manifiesta de esa comunidad. Lamentablemente, ese pueblo sigue en sus actividades cotidianas, las cuales lo convencen de que Dios no se ha apartado de ellos hasta el punto en que ese pueblo crece contento sin la presencia manifiesta de Dios. Eso aconteció al pueblo de Israel y sus habitantes terminaron en el exilio como fruto de su desobediencia.

El pecado del pueblo de Dios trae consecuencias sobre sí mismo como está ocurriendo hoy en las iglesias. Ya ocurrió en Europa donde la iglesia ya casi ha desaparecido; está ocurriendo cada vez más en Estados Unidos, donde la iglesia ha perdido su relevancia en la cultura y está perdiendo una gran cantidad de su membresía. Y cuando esas consecuencias llegan, muchos de los predicadores de la iglesia de nuestros días dan una respuesta rápida y superficial y dicen que nosotros no tenemos nada que ver con esas consecuencias. Pero ese no fue el sentir de Daniel. Veamos cómo pensó Daniel: «Porque a causa de nuestros pecados y de las iniquidades de nuestros padres, Jerusalén y tu pueblo son el oprobio de todos los que nos rodean» (9:16b).

Ya vimos la ocasión de esta oración, la oración de un hombre que conoce a su Dios, la confesión de un corazón humillado ante Dios, la afirmación de Daniel acerca de que los juicios de Dios son justos.

5. La intercesión de Daniel, apelando a la misericordia de Dios.

> «Y ahora, Señor Dios nuestro, que sacaste a Tu pueblo de la tierra de Egipto con mano poderosa, y te has hecho un nombre, como hoy se ve, hemos pecado, hemos sido malos. Oh Señor, conforme a todos Tus actos de justicia, apártese ahora Tu ira y Tu furor de Tu ciudad, Jerusalén, Tu santo monte. Porque a causa de nuestros pecados y de las iniquidades de nuestros padres, Jerusalén y Tu pueblo son el oprobio de todos los que nos rodean. Y ahora, Dios nuestro, escucha la oración de Tu siervo y sus súplicas, y haz resplandecer Tu rostro sobre Tu santuario desolado, por amor de

Ti mismo, oh Señor. Inclina Tu oído, Dios mío, y escucha. Abre Tus ojos y mira nuestras desolaciones y la ciudad sobre la cual se invoca Tu nombre. Pues no es por nuestros propios méritos que presentamos nuestras súplicas delante de Ti, sino por Tu gran compasión. ¡Oh Señor, escucha! ¡Señor, perdona! ¡Señor, atiende y actúa! ¡No tardes, por amor de Ti mismo, Dios mío! Porque Tu nombre se invoca sobre Tu ciudad y sobre Tu pueblo» (vv. 15-19).

Daniel se dirige a Dios con humildad una vez más y afirma:

- Tú que sacaste al pueblo de Egipto con tu gran poder (v. 15a),
- Tú que te has hecho un nombre (v. 15b),
- Tú que eres un Dios de justicia (v. 16),
- actúa por amor de ti mismo (vv. 17 y 19).

Daniel sabe que la mejor forma de orar no es justificando ni minimizando nuestros pecados, sino apelando en arrepentimiento a la misericordia de Dios que es infinita y que se renueva sobre nosotros todos los días. En la segunda parte del versículo 18, Daniel dice: «Pues no es por nuestros propios méritos que presentamos nuestras súplicas delante de ti, sino por tu gran compasión». Daniel conocía el carácter de Dios que nos dio el evangelio, aunque carecía de la información que hoy tenemos en el Nuevo Testamento. El mensaje del evangelio es un mensaje de perdón de nuestros pecados, no por nuestros méritos, sino por los méritos de Cristo y la gracia de Dios que al visitar nuestros pecados se convierte en una expresión de misericordia debido a la gran compasión que Dios Padre tuvo sobre nosotros en la vida de Su Hijo. Notemos la certidumbre de Daniel de que Dios escuchará su oración. ¡Dios es compasivo! Daniel tenía razones para creer que Dios escucharía. Por un lado, sabía que Dios había profetizado que el cautiverio duraría solo setenta años como lo vimos al principio. Él conocía la Palabra. Había estado estudiando las palabras del profeta Jeremías y probablemente llegó a entender que faltaban unos dos años para finalizar. Daniel conocía la Palabra de Dios y la forma más efectiva de orar es orando la misma

Palabra porque como nos dice 1 Juan 5:14, «si pedimos cualquier cosa conforme a Su voluntad, Él nos oye». Daniel conocía no solo la Palabra, sino que conocía que Dios es fiel a Su palabra y por tanto el cautiverio no se iba a prolongar más allá de los setenta años como había leído en Jeremías. Cuando Dios da Su palabra, da Su honor. Dios nunca ha dejado caer Su palabra. Por otro lado, Daniel conocía que Dios es un Dios de misericordia que se duele por Su pueblo. Por tanto, estas son las peticiones de Daniel:

- apártese ahora Tu ira y Tu furor de Tu ciudad, Jerusalén, Tu santo monte (v. 16a).
- Y ahora, Dios nuestro, escucha la oración de Tu siervo y sus súplicas (v. 17a),
- y haz resplandecer Tu rostro sobre Tu santuario desolado, por amor de Ti mismo, oh Señor (v. 17b).
- Inclina Tu oído, Dios mío, y escucha (v. 18a).
- Abre Tus ojos y mira nuestras desolaciones y la ciudad sobre la cual se invoca Tu nombre (v. 18b).
- ¡Oh Señor, escucha! ¡Señor, perdona! ¡Señor, atiende y actúa! ¡No tardes, por amor de Ti mismo, Dios mío! Porque Tu nombre se invoca sobre Tu ciudad y sobre Tu pueblo (v. 19).

¿Notaste la intensidad del clamor de Daniel? Su agonía, el dolor por la condición del pueblo, a pesar de que su condición era merecida a causa de sus iniquidades. Cuando Daniel dice: «¡Oh Señor, escucha! ¡Señor, perdona! ¡Señor, atiende y actúa! ¡No tardes!», no está insinuando que Dios está siendo insensible, sino que está expresando cuánto le pesa lo que está viendo y a la vez dejándonos ver cuánto deseaba que este cautiverio terminara para ver a Dios visitar a Su pueblo nuevamente. A Daniel le duele la condición de Su pueblo como hemos dicho, pero sabe que Dios y Su gloria son prioridad. Él sabe que Dios es el centro del plan de redención y no el hombre. Y el centro de ese plan es Su Hijo que vendría una primera vez para perdón de los pecados y una segunda vez para juicio de los pecados. La parte más importante no es el mensaje de salvación, sino el Dios que nos dio la salvación. Su amor, Su gracia, Su misericordia son el origen de ese mensaje de buenas nuevas que llamamos el evangelio. Cuando colocamos el mensaje por encima del Dios que nos entregó el mensaje, volvemos a poner al hombre y sus beneficios en el centro. La diferencia parece pequeña, pero es vital. Nota como Daniel cierra esta oración: «Por amor de Ti mismo, Dios mío! Porque Tu nombre se invoca sobre Tu ciudad y sobre Tu pueblo» (v. 19).

Una de las características principales de los salmistas en la Biblia es que cuando expresan alguna duda acerca de Dios al principio del salmo, siempre lo cierran expresando su confianza en el Dios de quien dudaron por un corto momento. Nunca dudaron de que Dios los estaba oyendo y de que Dios les respondería. Los profetas de Dios siempre supieron que más temprano que tarde, Dios se haría sentir:

- Cuestionar a Dios no es típico del hombre que lo conoce y por eso no lo vemos en Daniel.
- Dudar de Dios no es algo común en su experiencia, como nunca lo fue en Daniel.
- Para el hombre de Dios, desconfiar de Su fidelidad es algo totalmente extraño.
- Pensar que Dios no escucharía no pasó por la mente de los profetas.

Nota como Daniel cierra esta oración: «¡No tardes, por amor de Ti mismo, Dios mío! Porque Tu nombre se invoca sobre Tu ciudad y sobre Tu pueblo» (v. 19). Daniel apela a Dios por amor a sí mismo y por el honor de Su nombre. Daniel acaba de hacer un número de peticiones, y al final dice: respóndeme porque sobre tu ciudad y sobre tu pueblo se invoca tu nombre. En otras palabras, Señor, la integridad de tu nombre está en juego. No permitas que este estado de ruina física y espiritual sea usado por el enemigo para dar una mala reputación a tu nombre.

Así termina la oración extraordinaria de este profeta que se mantuvo fiel a Dios a pesar de servir al lado de algunos de los reyes más corruptos, en principio del Imperio babilónico y posteriormente del Imperio persa. Ni la posición ni el poder, ni la fama ni la posibilidad de enriquecerse pudieron corromper a este profeta de Dios. Por eso fue capaz de orar de la manera como lo hizo. Henry Blackaby fue un hombre muy conocido como pastor y autor de libros para ayudar al cristiano a correr bien la carrera marcada delante de nosotros. Blackaby enfatizó mucho el vivir en santidad y el rol de la oración en la vida del cristiano. Recuerdo haber leído en uno de sus libros algo como esto: «Es imposible vivir una vida de enanos espirituales y orar como gigantes. La calidad de nuestras oraciones depende de cuánto conocemos a Dios y cuán cerca estamos caminando con Él».

Bibliografía

Beeke, Joel, *A Radical Comprehensive Call to Holiness*, (Reino Unido, Fearn, Ross-Shire: Christian Focus Publications, 2021).

Begg, Alistair, *Ora En Grande* (Nashville: Editorial Vida, 2019).

Blackaby, Henry, *Chosen to be God's prophet* (Nashville: Thomas Nelson, 2003).

Boice, James Montgomery, *Daniel, an expositional commentary* (Grand Rapids: Baker Books, 1989).

Boice, James Montgomery, *Ephesians* (Grand Rapids: Baker Books, 1988).

Boice, James Montgomery, *Psalms*, vol. 2 (Grand Rapids: Baker Books, 1996).

Boice, James Montgomery, *The Gospel of John*, vol. 4 (Grand Rapids: Baker books, 1985).

Bounds, E. M., *The necessity of Prayer* (Abbotsford, WI: Aneko Press) versión Kindle, pág. 23 de 160.

Bruce, F. F., *The Gospel & Epistles of John* (Grand Rapids: W. B. E. Publishing Company, 1983).

Calvin, Juan, *Commentary on the Psalms*, *Psalm 51*, version en línea: https://ccel.org/ccel/calvin/calcom09/calcom09.xvii.html

Calvino, Juan, *Harmony of the Gospels*, tomado del comentario de Phillip Graham Ryken con relación a la agonía de Jesús en Getsemaní en *Reformed Expository Commentary*, vol. 2 (Phillipsburg: New Jersey, 2009).

Calvino, Juan, Psalm 51, *Commentary on Psalms*, vol. 2 (Grand Rapids: Christian Classics Ethereal Library), version en línea: https://ccel.org/ccel/c/calvin/calcom09/cache/calcom09.pdf

Carson, D. A., *The Gospel According to John* (Grand Rapids: W. B. Eerdmans Publishing Company, 1991).

Carson, D.A., *Praying with Paul, A Call to Spiritual Reformation* (Grand Rapids: Baker Academics, 2014).

Catecismo de Heidelberg, Día del Señor 47, versión en línea: https://www.rca.org/about/theology/ creeds-and-confessions /the-heidelberg-catechism/catecismo-de-heidelberg/).

DeYoung, Kevin, *The Lord's Prayer: Learning from Jesus on What, Why, and How to Pray* (Wheaton, IL: Crossway, 2022).

Elwell, Walter A., ed., *Evangelical Dictionary of Theology* (Grand Rapids: Baker Book House Company, 1984).

Goldman, John J., JFK's Golf Clubs Rake In the Green at Camelot Sale, *Los Angeles Times*, 26 de abril 1996.

Greidanus, Sidney, *Preaching Christ from Daniel* (Grand Rapids: W.B. Eerdmans Publishing Company, 2012).

https://www.gotquestions.org/prophecies-of-Jesus.html

Hughes, Kent, *Ephesians, Preaching the Word Commentary* (Wheaton: Crossway Books, 1990).

Hughes, Kent, *The Sermon on the Mount* (Crossway Books, 2001).

Hughes, R. Kent, *The Sermon on the Mount* (Wheaton, IL: Crossway Books, 2001).

Irineo, *Contra las herejías*, libro 3, capítulo 3, sección 4.

Millar, J. Gary, *Calling on the Name of the Lord, A Biblical Theology of the Prayer* (Downer Grove: InterVarsity Press).

Morris, León, *Reflections on the Gospel of John*, vol. 4 (Grand Rapids: Baker Books, 1988).

Murray, Iain, *The Banner of Truth magazine* (Ejemplar 26, junio 1962).

Pagán, Dr. Samuel, *De lo profundo, Señor, a Ti clamo* (Miami: Editorial Patmos, 2007).

Pérez Millos, Samuel, *Comentario Exegético al Texto Griego del Nuevo Testamento: Efesios* (Viladecavalls, Barcelona: Editorial CLIE, 2010).

Pink, A. W., *Faithful Classic, The Lord's Prayer*, versión Kindle.

Pink, A.W., *Exposition of the Gospel of John* (Grand Rapids: Zondervan, 1975).

Piper, John, *What Is Sin? The Essence and Root of All Sinning*, Sesión plenaria – 2015 Conferencia para pastores, https://www.desiringgod.org /messages/what-is-sin-the-essenceand- root-of-all-sinning

Practical Word Studies in the New Testament, vol. 1 (TN: Chattanooga, 1998).

Robinson, Haddon, *What Jesus Said About Successful Living* (Grand Rapids, MI: Discovery House, 1991).

Ryle, J. C., *Expository Thoughts on John*, vol. 3 (Grand Rapids: Baker Book House, 2007, reprinted), bajo Juan 13:31-38.

Ryle, J. C., *The World*, 1878, https://gracegems.org/Ryle/world.htm

Spurgeon, Charles, *How To Become Fishers of Men, A Sermon At the Metropolitan Tabernacle*, Newington, (No. 1906), Christian Classics Ethereal Library, https://ccel.org/ccel/spurgeon/sermons32/sermons32.vii_1.html.

Stott, John, *The Contemporary Christian: Applying God's Word to Today's World* (IVP Books; IVP/UK edición).

Strong, Augustus Hopkins, *Systematic Theology* (Philadelphia: American Baptist Publication Society, 1907).

The Apology of Aristides: Texts and Studies 1 (1891), 35–51. Traducción del siríaco. Acceso en https://www.tertullian.org/fathers/aristides_05 _trans.htm

The Hebrew Bible, vol. 3, *The Writings, A Translation with Commentary*, Robert Alter (Nueva York: W.W. Norton & Company, 2019).

Tozer, A. W., *The Knowledge of the Holy* (Nueva York: Harper & Row, 1961).

Watson, Thomas, *The Lord's Prayer* (Banner of Truth, 1960).

Wiersbe, Warren, *The Bible Expository Commentary* (Wheaton: Victor Books, 1989).

Coalición por el Evangelio es un grupo de pastores, iglesias, y líderes comprometidos con la centralidad del evangelio para toda la vida y el ministerio. Logramos este propósito mediante diversas iniciativas, incluyendo nuestra página web, eventos, y publicaciones. Además, hemos unido esfuerzos con diferentes casas editoriales para producir recursos que enfocan nuestra fe en Jesucristo, y moldean nuestras prácticas conforme a las Escrituras.

Cuando un libro lleva el logotipo de Coalición por el Evangelio, usted puede confiar que fue escrito, editado, y publicado con el firme propósito de exaltar la verdad de Dios y el mensaje del evangelio.

TGC COALICIÓN POR EL EVANGELIO

www.coalicionporelevangelio.org